## 作者简介

　　张静波，江苏徐州市人，现居广东珠海市。深圳市汉文化艺术品收藏协会顾问，曾任《东方文物》杂志（美国东方文物收藏协会、华人海外收藏中国文物回流研究会主办）顾问。业馀喜杂读文、史，收藏文房清玩，书房（斋）有别号：三一堂、南窗斋。

# 文房撷微

张静波 著

中国言实出版社

**图书在版编目（CIP）数据**

文房撷微 / 张静波著 . -- 北京 : 中国言实出版社 ,2020.9

ISBN 978-7-5171-3562-3

Ⅰ . ①文… Ⅱ . ①张… Ⅲ . ①文化用品—介绍—中国Ⅳ . ① K875.4

中国版本图书馆 CIP 数据核字（2020）第 173996 号

出 版 人　王昕朋
责任编辑　肖　彭
　　　　　张　朕
责任校对　赵　歌

出版发行　中国言实出版社
　　　　　地　址：北京市朝阳区北苑路 180 号加利大厦 5 号楼 105 室
　　　　　邮　编：100101
　　　　　编辑部：北京市海淀区花园路 6 号院 B 座 6 层
　　　　　邮　编：100088
　　　　　电　话：64924853（总编室）　64924716（发行部）
　　　　　网　址：www.zgyscbs.cn
　　　　　E-mail：zgyscbs@263.net
经　　销　新华书店
印　　刷　北京中科印刷有限公司
版　　次　2020 年 9 月第 1 版　　2020 年 9 月第 1 次印刷
规　　格　710 毫米 ×1000 毫米　1/16　13.5 印张
字　　数　160 千字
定　　价　128.00 元　　ISBN 978-7-5171-3562-3

# 自序

  笔者浅陋、惶恐，先要向拿到这本书的读者坦白：此书属于"早产儿"，原计划是明年——二〇二一年出版的。但是没有想到，新冠肺炎疫情、隔离防疫在家，用广东话讲，有了"大把大把"的空闲；师友、出版社也催着提前"生产"，自己也是"主观"加"客观"，没经住，就有了您现在手里的这本书。所以，书里的种种先天、后天不足，恳请读者诸君、大家见谅。

  二〇二〇年，中国农历庚子年，注定要用浓墨写入中国史、世界史。的确，面临"百年未有之大变局"。历史不停往前走，经济全球化，地球成了"村"，这个村，爆发新冠肺炎疫情，传染、流行；疫情，是人类的天灾，没承想，再加上"美利坚"之政客人祸，疫情蔓延，不可预期。升斗小民，只能仰仗、依赖着国家。而国家，对于中国人，是安身立命之本。回望一百八十年前（1840年）、一百二十年前（1900年）的"庚子"，再看看当下之中国，可以确定，历史，不可能再"重演"了。所以，感恩。所以，拙著提前结集在今年，有意义。

  移居广东，养疴十年。病馀闲翻杂书，成为主要生活方式；也出去走走，延续以前的爱好，只关注古人的文房用品，因为，它是"小玩意儿"，不登收藏家"大雅之堂"，所费也相较不多，自谓"打发时间"。故逛逛古玩地摊儿，算是锻炼；也去古玩店、博物馆（院），算是"长眼"；胆子大了，也去过拍卖会。由此机缘，也就结交了一众新的师友，天南地北，乃至海外。偶尔，用文字也记下一些，师友知晓后，鼓动曰"独乐乐不如众乐乐""属文房类'名物考'、有深度的研究型随笔"，云云，也是自己"架不住"，先后就发表了几万字。

检点这些个文字，勉强算作文房名物考罢。私下还是以为，可称笔记、随笔。倒也是静下心来，甘坐"冷板凳"而得之的，确属有感而发；如扬之水先生《细节的意义》所言："古已有之的器物学，更多的是追求其中的古典趣味，今天与田野考古并行的文物研究，当然与之异趣。文物研究不能省却对日常生活中细节的关注，了解与廓清一器一物在历史进程中名称、形制与作用的演变，自然是关键，尽管有时它会显得过于琐细。而若干历史的真实，也许就隐藏在这平平常常的生活细节中。"（《采绿小辑》）而笔者因学识、学力所限，拙文里的种种露怯，冀望读者明察。

人，终归是欲望驱使的动物。进化之后，较之野生的，无非是多了"文化生活""精神生活"，还有虚荣心。笔者也并无例外。"知天命"之后，在杂志上刊发过的灾梨祸枣，将要"耳顺"之年，又想着聚拢起来，出一本集子，以为自己"甲子"纪念。想是这么想，这不，明年才真正满一个甲子，现在提前了一年，"丑媳妇"没有仔细装扮，就出来见"公婆"了。

是为序。

庚子年初夏于珠海半山居南窗斋

# 目次

# 定名一只水盂

## ——兼答师、友

几年前，承蒙收藏家师友转让藏品，多为文房类瓷器，且附有"物帐"，其中，一只晋代越窑青瓷水盂（丞），物帐标名"西晋青瓷、点褐彩双獾水盂"（见图）。

图一        图二

图一、二：通高 7.3 厘米，口径 4.9 厘米，腹径 8.3 厘米，底径 4.1 厘米

水盂施青釉，直口点褐彩，溜肩，肩部两道弦纹之间，戳印类阳光纹饰，鼓腹急下收；腹径大于通高，口径大于底径，盂下部及底无釉，平足。整器胎釉结合良好，包浆古熟，似出土已久的传世品。

引人注目的是，水盂口沿两侧，对称捏塑两只小兽，前爪紧扒边缘，像是对望，又似探首窥视盂中，神态写实、灵动，小兽肩背部亦点褐彩。西晋距今一千七百馀年，是继三国之后，天下板荡，兵连祸结，生命无常的年代，古人捏塑这两只小兽"双獾"，寓意欢乐、欢会、欢颜？或是祈望世道承平？不由疑惑顿生，于是，"考据癖"旧疾重发，如舒敏《新增格古要论序》所言："博雅好古，凡世之一事一物，莫不究其理、明其原……亦可谓格物致知之一助也。"

考"獾"，首先想到王世襄，先生曾自谦说过："我自幼及壮，从小学到大学，始终是玩物丧志。业荒于嬉。秋斗蟋蟀，冬怀鸣虫，鞲鹰逐兔，挈狗捉獾，皆乐之不疲。"并著有《獾狗篇》，云："'獾'，或写作'貛'，似狗而矮，有利齿锐爪，穴居，昼伏夜出，食用农作物，是一种害兽。獾油可治烫伤，皮可作褥子，肉古代认为是美味（《吕氏春秋·本味》'肉之美者，猩猩之唇，獾獾之炙'）。"[1]宋人孟元老《东京梦华录（州桥夜市）（马行街铺席）》皆列为珍馐；李时珍《本草纲目》卷五十一载："狗獾似小狗而肥，尖喙矮足，短尾深毛，褐色，皮可为裘领，亦食虫蚁瓜果。"可见獾被视为美食或药用。

至明清两代，工艺图案等以谐音合成吉祥、祝颂寓意之风大盛，所谓"有图必有意，有意必吉祥"。北京故宫博物院藏有白玉双獾

---

[1] 王世襄自选集：《锦灰堆·二卷》，1999年，三联书店，641页。

图手把件（一说镇纸）；首都博物馆藏翡翠双獾佩（北京高碑店荣禄墓出土）均属此类。清代"第一"女词人顾太清《长相思·咏双獾佩》有曰："大獾欢，小獾欢，白玉裁成两箇獾。常随佩带间。肱相连，股相连，肱股相连心自安。君臣父子全。"其夫宗室奕绘也有《醉太平》四首，其三："毨毨者獾，茸茸雪团。玉人借作双獾，喻同心百年。两头倒颠，或伸或跧。吉羊天鹿之间，又莲笙桂冠。"

由双獾喻"双欢"，此类暗喻、甚至"春宫""压箱底"之类，源自中古（唐、宋）世俗化风潮蔓延、道教学说影响，故其他工艺此类图、饰多有发见，原为男女情事之祈愿，但用作文人案头文房雅饰，置于砚边，晨夕相对，似属不伦。笔者浅见，亦未见古籍刊、载或类似文房发掘报告。

那么，会否是别的，形状相类动物呢？齐东方教授解读唐代何家村窖藏遗宝，有《瑞兽神器》篇"鎏金双狐纹双桃形银盘"，释云："……两桃中心处锤揲相向而行的狐狸，双狐肌体柔韧，凹凸有致，一只狐狸回首俯视，另一只狐狸回首仰视，互为顾盼，并略有机警之态。……

"狐狸在唐代也属上瑞，《朝野金载》记载：'唐初以来，百姓多事狐神，房中祭祀以乞恩。'当时有谚曰：'无狐魅，不成村。'取双狐双桃形作装饰题材，也许有'压邪''祈福'的含义。

"还有一种说法，认为主题纹样不是狐狸而是獾。獾有尖啄，有些像猪嘴，古人取其谐音，以'獾'喻'欢'，赋予特别寓意，自然是一种吉祥……

"古人好奇于动物的各种神秘，因而用动物来象征或想象各种事物，又在艺术、文学上借动物表达各种复杂的情感。无论狐狸还是獾，却是人们寄托某种期盼的表现。"[2]齐先生所论甚是。不过，"獾有尖啄"之"啄"或为"喙"之误？原意是指图像上的瑞兽吻部尖而略长罢。

再来看本藏水盂，两只小兽吻部并不尖，倒真是有些像猪嘴；而且，西晋距唐代还要早近四五百年，还要考虑到世代沧桑，风俗之变迁。于是，再向上溯至远古，找找线索，在《史记·五帝本纪》中有了踪迹，载曰："黄帝教熊、罴、貔、貅、貙、虎，以与炎帝战于阪泉之野。"其中，"貔"《尔雅》释为白狐，是为远古图腾之一。可是，时移境迁，到了两汉，狐狸开始被"妖魔化"，许慎《说文解字》云："狐，妖兽也，鬼所乘之。"此盂制作的魏晋时期，狐狸已被视为"凶兆"，也由此生发出文学史上的狐魅志怪小说。东晋葛洪辑抄（传）汉刘歆《西京杂记》，载有广川王与白狐故事，即为佐证；后世将狐狸更演绎为"狐狸精"——专门诱惑勾引男人的妖怪，如若当朝窑工捏塑的是狐狸，用作文人案头置用，想想，实在不堪、荒唐。

如果排除捏塑为獾、狐狸，这两只小兽，到底又是何方"神圣"？查《中国陶瓷史》《越窑》等专著，三国两晋至南朝，越窑文具类确属大宗，但不见用哺乳动物装饰水盂、砚滴的描述或发掘记载。偶然翻阅孙机先生名著《汉代物质文化资料图说·文具I》，曰："至于向砚内注水，汉代则制有各式铜砚滴。传世砚滴作兽形的，河南偃师、焦作与广西昭平均曾出其实例。……四川开县与大邑出土者作龟蛇合体的玄武形，河南偃师大口乡出土者作龟形。傅玄《水龟铭》称：'铸兹灵龟，体象自然。含源未出，有似清泉。润彼玄墨，染此弱翰。'

[2]《花舞大唐春·解读何家村遗宝》，齐东方著，上海古籍出版社，2018年，138—142页。

即指此类砚滴而言。广西梧州出土的则为兔形。玄武为北方之灵，北方在五行中属水。兔则为月的象征。……《论衡·说日篇》：'夫月者水也。'砚滴多采取此类与水有关的动物造型。"[3]最后这一句"与水有关"，点开了思路！三国以降，陶瓷类器具大兴，以替代珍贵的金、银、铜制器皿，进而惠及社会大众，中华陶瓷文明，由此兴盛开端。青瓷文房属书斋雅具，尤为文人宝爱，又因陶瓷成形较金属容易，文士雅人乐于参与设计、造型，渐渐地被赋予审美和文化之蕴意。故水盂、砚滴，亦习见蟾蜍、蛙形、龟形两栖动物；本藏水盂捏塑的两只小兽，区别于李时珍、齐东方描绘"玃""狐"吻部特征的"尖喙"，吻部扁平而阔，类于"猪嘴"，应该为水獭之造型，而且，獭之传说多与文人、文事相关联，史上留下不少的传说、演绎。

　　獭，又称水獭，水陆两栖动物，东汉《说文解字·卷十·犬部》释："如小狗，水居食鱼。"秦代《吕氏春秋·孟春纪第一》云："东风解冻，蛰虫始振，鱼上冰，獭祭鱼，候雁北。"高诱注释："獭，水禽也。取鲤鱼置水边，四面陈之，世谓獭祭。"原来远古早有记载。杨泓先生有《"画鱼捕獭"和三国漆画》篇，转述三国魏明帝非常喜欢白獭，但无法捕获，随行善画者徐邈，在板上画毕真的鱚鱼挂在岸边，引诱而捕之故事。[4]

　　关于獭，唐、宋诗人也多有吟诵，如杜甫《重过何氏五首》："花妥莺捎蝶，溪喧獭趁鱼。"等。目前能查阅到的，最早，将獭与文士行为相关联的，应该是苏轼的表兄，北宋著名画家、诗人文同，其诗作《李坚甫净居杂题一十三首·书斋》："縑缃罗几格，无限有奇书。想在中间坐，浑如獭祭鱼。"诗人想象，自己坐在环列左

[3]《汉代物质文化资料图说》（增订本），孙机著，上海古籍出版社，2012年，321页。
[4]《逝去的风韵》，杨泓著，中华书局，2007年，206页。

右的插架书丛中间，就好比獭之祭鱼。稍晚文同几十年的吴炯（垌）笔记《五总志》，亦用此"典"批评："唐李商隐为文，多检阅书史，鳞次堆积左右，时谓为獭祭鱼。"南宋陆游《子遹读书常至夜分作此示之》："我为无寸老把锄，汝穷亦复坐迂疏。夜灯咏史虫吟草，朝几陈书獭祭鱼。"

诗中都提到的"獭祭鱼"，用当代的话"翻译"，说好听一些是"引经据典""做学问""论文体"；其反义，即是"掉书袋""抄书""卖弄才学"之谓也。塑獭于文房水盂之上，正是与文士"做学问"之状态相合，说不定，古人亦有"正""反"寓意，可算远古的"幽"上一"默"？也未可知也。

真是没有想到，考据这只水盂名称来历，最后竟把自己绕了进去。典型的"獭祭鱼"做派。索性，借由这个话题，再"獭祭"献丑一番，兼答师友。

半生已过，写惯了公文、法律文书。乏倦、馀暇喜欢读读闲书，逛逛古玩地摊、店铺，还有就是各地的博物馆。渐渐结识一众同好师友，多年下来，获益良多。知己如京城学者伊葆力师，知我私下"琢磨"所藏文房清玩，且常做笔记，恰巧伊师手上正编《东方文物》杂志，极力撺掇在下投稿，一者自忖不是文博圈内人，更无缘与专家、学者搭界，正所谓"赶鸭子上架"、举步维艰，故拙文纯属"票友"之举。陆陆续续写下几篇，多系身边所藏的"文玩"，每日晤对，摩挲参详，也是有感而发。师友看了这些个灾梨祸枣、歪瓜裂枣，多客气褒奖；家人、挚友就实话实说"太'文'啦！""引经据典""掉书袋"云云。区区如我，自知浅陋，捉笔为文且对象又是古董、文物，生怕露怯，唐突了先人及内心敬畏的传统文化；所以"小心求证"，实在是不敢造次、马虎，遂多翻文献、古籍；又因所写古物、引据多为文言，故文字风格选择"半文半白"，以便"气韵衔接"，非故意"夫子气""卖弄才学"。

再者，拙文多属"名物考"随笔、笔记，亦为中国传统学术历来重视，《周礼·天官·庖人》："庖人掌共六畜、六兽、六禽，辨其名物。"唐贾公彦疏云："此禽兽等皆有名号物色，故云'辨其名物'。"也算是笔者琐屑之追随。

程章灿教授译序《朱雀——唐代的南方意象》有云："从某种角度来说，所谓名物研究，其实有些近似当今史学界所谓'物质文化研究'。……表面上，名物似乎只关系人类的日常生活，而且是庸常生活中的琐碎细节，无足轻重，甚至不值一提。而实质上，在漫长的历史进程中，名物无声却又具体而微地说明着人类的生活方式，承载着诸多文化史、精神史与制度史的意义。"[5]当代著名如孙机、杨泓、王子今、扬之水等学者，莫不于此着力甚深；在下仰之弥高，私淑诸师，"虽不能至，然心向往之"。更何况，身边常有众师友牵引。

很喜欢阅读辛德勇教授的著述。尽管大多数时间要硬着头皮去啃，不敢说为学，只为兴趣。他在《祭獭食跖》序言中所云，实获吾心。再来"獭祭"、照搬，以为结语："这些文章论述的问题，都琐琐不为大雅所屑，就像啃鸡爪子，尽管也有些肉，但只那么一点点。把啃鸡爪子这事儿妆点雅化一下，即为'食跖'。另一方面，我这

---

[5]《朱雀——唐代的南方意象》（美）薛爱华著，程章灿、叶蕾蕾译，三联书店2014年，18、19页。

7

些文章还都不避繁复，累累赘赘地大量罗列史料，或是排比引证类同的史事，犹如獭之祭鱼。这种做法，颠倒语序简约言之，便是'祭獭'。"[6]

**附图：1—7，与动物有关的水盂、砚滴**

1.螭龙水盂：清代，紫砂陶螭龙水盂（左一），通高5.2厘米，口径5.3厘米，底径12.3厘米。清乾隆，水晶螭龙水盂（左二），高3.7厘米，直径8.3厘米。清代，寿山石龙纹水盂（左三），通高5厘米，最大直径13.8厘米

2.东晋，越窑青瓷龟形砚滴（左一），通高7.8厘米，最大直径9.3厘米。东晋，越窑青瓷龟形砚滴（左二），通高6.2厘米，最大直径7.9厘米

---

[6]《祭獭食跖》，辛德勇著，中华书局，2016年，1页。

　　3. 战国、汉代水盂。战国，麻布纹"S"饰耳水盂（左一），高 3.4 厘米，腹径 5.6 厘米，底径 3.4 厘米。汉代，青黄釉水盂（左二），高 4.6 厘米，口径 5.7 厘米

　　4. 清代"大清嘉庆年制"，珊瑚红粉彩双蝠描金水盂。通高 5 厘米，最大直径 12 厘米

9

5. 蛙形水盂、砚滴一组（三只）：东晋，越窑青瓷蛙形水盂（左一），通高3厘米，最大直径7.7厘米。西晋，越窑蛙形砚滴（左二），高7.9厘米，腹径12.2厘米，底径7.7厘米。三国（吴），青黄釉蛙形水盂（左三），高3.8厘米，最大直径8.5厘米

6. 鱼、蛙、水牛砚滴（三只）：元代，青瓷加褐彩鲤鱼形砚滴（左一），通高6.2厘米，长11.2厘米。明代，龙泉窑母子蛙形砚滴（左二），通高6.1厘米，长9.1厘米。清代，水牛形瓷砚滴（左三），高3.3厘米，长8.1厘米

　　7. 动物形砚滴一组（五只）：清代，铜质虾形砚滴（前左一），高约
3.4 厘米，长 12.5 厘米。宋代，景德镇湖田窑青白瓷，蟾蜍形砚滴（中），
通高 5.3 厘米，最大直径 12.3 厘米。清代，铜质鸳鸯形砚滴（前左三），通
高 3.8 厘米，长 6 厘米。清代，铜质蟾蜍形砚滴（后左一），通高 4.5 厘米，
长 7 厘米。清代，铜质鹌鹑形砚滴（后左二），通高 6.2 厘米，长 8.5 厘米

附注：此文初刊于《东方收藏》杂志二〇二〇年 06A 期。

二〇二〇年四月于珠海半山居南窗斋

# "白菜"笔筒探赜

时下文房类收藏，最受青睐的当属笔筒，且于海外亦受追捧，屡屡拍出天价。

追溯笔筒之"当红"，至今已逾四百年，明末以降，文人、士大夫或曰读书识字之人，其书斋案头上，笔筒已经成为"标配"。

世事沧桑，时代更替。传载几千年中华文明的"毛笔文化"，自鸦片战争一百八十年以来，国门被人打开、西风东渐，加之"五四新文化"运动，一步一步，退让于工业文明的"钢笔文化""圆珠笔文化"，乃至当下的电脑打印，董桥先生称之为"按钮文化"。笔、墨、纸、砚以及辅助之各类文房器具，成为旧物、老古董，陆放翁"文房四士独相依"的那份托寄，早已无可依傍。

二十世纪九十年代初，余秋雨先生《文化苦旅·笔墨祭》中慨叹毛笔文化："过于迷恋承袭，过于消磨时间，过于注重形式，过于讲究细节，毛笔文化的这些特征，正恰是中国传统文人群体人格的映照，在总体上，它应该淡隐了……这并不妨碍书法作为一种传统文化艺术光耀百世……然而，有时我们还不得不告别一些美，张罗一个个酸楚的祭奠。"[1]凡事皆有例外，纯为毛笔而"生"的笔筒，即属一例。书桌案几上，笔墨纸砚、笔舔、水盂、墨床、臂搁等渐次退席；笔筒，却可谓神奇，至今稳稳立在万家书房案头，尽管其中置放的罕见毛笔形影，大多属"工业文明"之后的书写工具。细究起来，笔筒之"长寿"的原因何在？

清初学者、词人、藏书家朱彝尊《笔筒铭》给出了一种说法："笔之在案，或侧或颇，犹人之无仪。筒以束之，如客得家，闲彼放心，归于无邪。"这是拟人之说。窃以为，笔筒"长寿"还在于它的实用性、装饰性。实用性在它的收纳功用，收拾取用方便，保持案面整洁；装饰性是它体量适中，于案头"亭亭玉立"，且材质繁多。刻、雕、绘，竹、木、瓷、玉、铜、漆、匏等工艺纷呈，在实用性之外，又赋予了精神层面的感官提升，透出一个"雅"字。一九八三年，故宫博物院于所藏一百多万件文物中，精选出一百件"宝中宝"编印《国宝》图册，其中两件清代笔筒入选：一为"黄杨木雕对弈图"（应为"东山报捷图"，笔者按），一为"象牙雕渔乐图"。猜想当年的主编朱家溍先生，筛选百万件藏品，真真难乎其哉！入选的条件、标准在《导言》里只好语焉不详，把两只笔筒列入"工艺美术"项了事，没有涉及笔筒作为离毛笔文化最近、传载几千年文化之"功德"，私意以为，留下些许的遗憾。不过，朱先生在海量的国宝中选出两只笔筒，古代文房类尤其是笔筒的地位、分量，于是书中首次确立。

"作为文房器具之一的笔筒，它出现的时代其实很晚，宋人说文房诸器，不及笔筒。宋以及宋代以前说到'笔筒'，均指收笔用的笔套。"[2]马未都先生在《明清笔筒》一书中也有详尽考征，其

[1]《文化苦旅》，余秋雨，知识出版社，1992年，246页。
[2]《宋代花瓶》，扬之水，人民美术出版社，2014年，73页。

艺术成就的鼎盛期，当在明末至清代中期。以材质论，除去皇宫贵胄、高官富豪的金玉犀象漆雕螺钿之类，大宗仍属瓷、竹、木，而其中，竹雕笔筒最能标示文人雅士精神、品格，是因为，竹在我国传统文化里，早已经人格化："竹有凌风之态，似士节之清雅高迈；有不凋之姿，似士品之脱俗不染；直节不屈，似士节之坚贞刚正；外圆中空，似士行之谦和虚心；擘丝分理，如士思之条达贯通。"[3]晚明出现的竹刻笔筒，与儒家推崇的君子之风高度契合，加之刻竹者多为落魄才子、失意志士，其以刀代笔，以竹为纸，竹筒上所镌题材贴合文化人风雅情怀、期许寄寓、"载道"之思，这在"清三代"之前的作品上尤为显著。清乾嘉时期，嘉定人金元钰撰《竹人录》，载有明正德以降五十七位"竹人"行迹，金氏在《小序》中有洞见："尝论刻竹虽小道，其人非郑虔三绝，灵襟洒脱，居处出尘，不能下一笔。世人比之子刚治玉、抱云治铜，犹未识诸君子之用心矣。"

就连以风雅自居、喜好作诗、奢华收藏、到处题字落款的乾隆皇帝，也对材质寻常、艺精蕴厚的竹刻叹咏："爱此虽然同玩物，未离翰墨咏游间。"（《清高宗御制诗集，四集卷八十七，咏竹刻笔筒》）。所谓"上有所好，下必甚焉"，康、雍、乾三帝"高看"竹雕，士人皆知"嘉定三朱"，"发烧"追捧文房竹刻，乃至嘉定"封氏一门"两代入值宫廷养心殿，由此，竹雕文房这个典型的"草根"，走上皇家殿堂，走入权贵豪门。

从目前查到的文献资料看，康熙十二年（1673），《嘉定县志》已将"雕刻竹刻"列为贡品，"与古铜、宋瓷诸器并重，亦以入贡内府"。康熙年间，嘉定封氏（封锡爵、锡禄、锡璋）三

---

[3]《竹镂文心·竹刻珍品特集》，施远，上海书画出版社，2012年，18页。

兄弟以刻竹名世，尤擅圆雕、根雕，号称三鼎足，名播海内。康熙四十二年（1703），封锡爵两位弟弟锡禄、锡璋应诏入京，其弟子施天章、封氏后人封始镐、封始岐等亦于雍正、乾隆年间以艺值宫廷造办处，"声闻于朝"，嘉定竹刻更是代有传人，名扬天下。而最初踏进皇家禁苑的封氏两兄弟，应该是带去了兄长封锡爵的作品（详见《故宫经典·故宫竹木牙角图典》，故宫出版社 2010 年 6 月版，32 页，清早期"竹雕白菜式笔筒"），封锡爵的这尊作品，还收录于《中国美术分类全集·中国竹木牙角器全集（1）竹刻器》49 页，均称为"竹雕白菜笔筒"。

诸如此类的题材，并不稀见，《故宫博物院藏文物珍品大系·文玩》（2009 年，上海科学技术出版社，23 页）、《沈阳故宫藏清宫文房用具》（《收藏家》杂志 2013 年第五期图 16，50 页）、上海博物馆《竹镂文心——竹刻珍品特集》等，均称之为"白菜"；最著名的，应该是台北故宫的那棵"翠玉白菜"。2016 年 10 月，台北故宫博物院评选十大镇馆之宝，揭晓结果：翠玉白菜居然与西周"毛公鼎"、"散氏盘"、颜真卿"祭侄文稿"、苏轼"黄州寒食帖"、黄公望"富春山居图"等一起当选"十大"；此前一年，这棵"白菜"随众多国宝赴日本展出，台湾地区有新闻报道：《日本观众排队两小时，看翠玉白菜！》。据说，翠玉白菜一直是台北故宫博物院的"超人气明星"，它与同样著名的肉形石一起，专门陈列、"全年无休"。

笔者心仪文房清供经年，有幸承两位藏家友朋兄长惠让，也宝藏有"白菜"两棵。

一棵为竹雕（如图一、二），比对故宫博物院封锡爵款的笔筒（17.3x9.4x9.2 厘米），若以尺寸论，本藏则是一棵"大白菜"，除根部雕法稍有不同、无款之外，酷肖一人所作，借用上海博物馆施远先生评价："封锡爵，字晋侯，故宫博物院所藏竹雕白菜笔筒，气韵颇高，是难得一见的竹雕象生器之精品。"当时询及惠让的师友，得知二十世纪九十年代初购于山西；还有一棵（如图三、四），系红寿山石雕"白菜"，笔筒底部镌"乙卯春（1915 年，笔者按）颜伯龙"款。藏家师友告之，此笔筒得自日本某拍卖会。

图一：高 21cm，口径 18.3cm

图二：底径 15cm

图三：高 12.8cm，口径 11.5cm

17

图四：底径 7.9cm

　　"两菜"在握，供之于案头，"白菜、白菜"称呼，总觉得不雅。翻查资料，想着一探究竟。就在《故宫经典·故宫竹木牙角图典》第十八页，"竹雕白菜笔筒"上，查到乾隆帝命人阴刻填蓝隶书御题诗句："鬼工细刻总教删，一簇秋菘老圃闲。生处何妨谢淇澳，味来雅合忆钟山。虽雕而自戒奇特，其寿端由在朴间。寓意咬根非我事，因之时亦念民艰。"

　　皇上贵为天子，诸如"悯农""苍生"之类的话，听听即可，当不得真；"一簇秋菘"说法来处，却是要紧当真。于是，查找爬梳典籍，《南齐书·周颙传》："文惠太子问颙：菜食何味最胜？颙曰：春初早韭，秋末晚菘。"自此，"春韭秋菘"出典。北魏（公元 533 年）贾思勰《齐民要术》称"菘菜似芜菁，无毛而大"。也就是在北魏时期，菘菜于洛阳皇家菜园培植成功。文学上，韩愈、孟郊、刘禹锡、苏轼等多有吟咏菘菜之作。东坡居士《和陶西田获早稻》就有"早韭欲争春，晚菘先破寒。人间无正味，美好出艰难"句；陆游祖父陆佃著《埤雅》曰："清白高雅，菘性凌冬不凋，四时常见，有松之操，故曰菘。"陆游本人，亦作《菘园杂咏》多首。

到了明代，正统进士、官至礼部尚书的诗人倪谦《画菘菜》有诗："秋末园蔬已着霜，青青偏爱晚菘香。沙锅烂煮和根咬，谁识淡中滋味长。"而李时珍《本草纲目》引陆佃"菘说"后，加上了一句"今俗谓之白菜"，这才提到了民间的通俗叫法。晚明思想家、政治家吕坤就有《白菜图说》："……菜有五味，而白菜为淡。其为物也，入目不华，入鼻不香，入口不爽，类生樊圃中，与凡菜伍，而彼亦秽恶无染，清素自如……，或曰：叶属木为仁，茎属金为义，体质属水为智，根坚结而中涵为信。亭亭翼翼，不靡不披为礼。具五德也，而以淡为宗。……是菜也，其余师哉！"[4] 至此，文人、士大夫笔下"菘"或曰"白菜"的来由、俗称的演变约略可知。

故宫博物院所藏封锡爵款以及本藏的两尊笔筒，在工艺上，均属圆雕象生类，后世少见；若以人文气息论，相较后世的平面浅刻、陷地深刻加之题诗等等，仿生、象生雕法明显雅气不足，或曰偏弱。从表面上看，圆雕工艺解决的是像与不像问题；同样是圆雕，如果是人物或人物加景（山川树木等），解决的是空间布局与人物"神儿"的问题。象生雕一棵家常"白菜"，雕工再逼真又能如何？纯为炫技？或如当下引申的寓意"清白""百财"？

如果换一个角度，从笔筒作者的身世、时代背景去探究，或许

[4]《吕坤全集·上》，中华书局，2008年，382页。

能找到真正的答案。封锡爵属嘉定"土著",生于明末。清初,两兄弟"奉诏入京"应该是光宗耀祖的大事,而此公呢,却让两个弟弟只带上那尊秋菘笔筒,入宫交差了事,此后便"家居杜门,禅榻萧然,经年不踏城市",高逸、淡泊处之。这背后,相信易代之际清军"嘉定三屠"的家国之痛,一腔悲慨,一定还在心中,挥之不去。

本藏的另一只寿山石笔筒,其主人颜伯龙(1898-1955),名云霖,字伯龙,号长白布衣,满族,正黄旗,北京人,民国时期京津画派著名花鸟画家。笔筒所镌"乙卯年春",当为一九一五年,颜氏时年十七岁。或许他的心境也与封氏相类似,均属鼎革易代之际,又系皇亲国戚;故以遗民自命,不求仕进,以鬻画卖书自给,所谓的抱节隐逸。

如若此说不谬,那么,此类文人、士子书斋案头的清雅之供,所谓的"白菜"笔筒,原来是以"菘"自况,另有其寄意,就不能以俗称谓之了。

附注:此文初刊于《东方文物》(季刊)杂志,二〇一八年第一期。

# 明代状元康海（对山）铭端砚

不久前，得明代端砚一方。砚为宣德岩端石，砚面边镌海水鲤鱼制钱云梅纹，雕工朴拙（图一），石质细腻，砚堂以手捺、呵气即可成晕。

砚背面镌有："际彼爵陵，崇岩片石。俪彼甘蕉，千林一叶。其质端严，厥体正直。君子似之，知白守黑。——康对山铭。"对照（图二）繁体铭文，发现第一字"际"字偏旁错成"貝"字，第三、九、二十一字，都有错字"嫌疑"，问相熟的店家朋友，有无查过文字出处？答曰：查不出。遂携归。

图一                                         图二

图一、图二：明代，康对山铭淌池端砚，长21厘米，宽12厘米，高3厘米。

　　记得一九七七年暮春，北京的叔叔寄来一套三卷本的《中国文学史》（社科院文学研究所文学史编写组，人民文学出版社二十世纪五十年代的版本），寄书的这位长辈就在"文学所"工作；他在附信中勉励我这个读高中的毛头小子，并透露此三卷本实际是由"老所长"钱锺书主编；那个年月"文革"刚刚结束，百废待兴，几乎无书可读。此三卷本之珍贵、珍稀可想而知。读后，眼界随之开阔。

　　四十年后，此砚在手，砚铭落款"康对山"，这人的名头似曾相识，隐约忆起是位明代的状元、文学家。查阅资料得知：康海（1475—1540年），明代著名文学家、戏剧家。初名澍，字德涵，号对山，别号沜东渔夫、太白山人。陕西武功人，明弘治十五年（1502

年）状元；又翻出早年的那套《中国文学史》，其中记载，明初："一些文坛领袖大多数是位高爵显的官僚，有的甚至是炙手可热的藩王。……出现了一种以杨士奇、杨荣、杨溥'三杨'为代表的'台阁体'诗文。三杨都是当时的'台阁重臣'，他们都位至宰相，……把诗文当作维护封建统治和点缀升平盛世的工具，形成了垄断文坛的一代风气，直到'前后七子'起来极力反对，这种风气才在文坛消失。

而康海（对山）其人，即是文学史上'前七子'先锋之一。他身为翰林院修撰、充经筵讲官，与李梦阳、何景明、徐祯卿、边贡、王九思、王廷相等'七才子'结成一个文学社团，树起'复古'的旗帜，提出'文必秦汉，诗必盛唐'口号，此唱彼和，推波助澜，形成了一个声势浩大的文学运动。"

明正德三年（1508年），康海的"七才子"文友之一、郎中李梦阳入冤狱。后世学者、清谷应泰《明史记事本末》卷四十三《刘瑾用事》载："逮李梦阳下锦衣卫狱，……将置之死。时翰林修撰康海与梦阳同有才名，各自负不相下。……梦阳乃以片纸书数字，曰：'对山救我，唯对山为能救我'。对山者，海别号也。"

康海因与宦官刘瑾为陕西同乡，刘瑾久慕其才名，屡次拉拢结交未果；是时，刘瑾为司礼监掌印，最受皇帝宠信，权倾朝野，专擅朝政，世人称刘氏为"立皇帝"，武宗正德为"坐皇帝"，康海耻与之交往。而接李梦阳求救书后，康海却甘愿前往刘府为李梦阳求情，曰："我屈一瑾，而活良友，天下后世其许我！"即上马驰至刘瑾之门，果然，"明日辄赦出之"。（按，《康海救友》）然而，世事无常，还不到两年，正德五年（1510年），权倾天下的刘瑾就因谋反罪被凌迟处死；李梦阳获救出狱，官复原职；康海却因系刘瑾同乡且有"攀附结交"受到株连，削职为民。这期间，据传"梦阳不曾进一言以救"。多次有人劝康海向朝廷申辩其冤，以图起复，"海断然拒绝"，不齿声辩。

回乡归籍后，康海寄情山水，放形物外，广蓄优伶，制乐府，创"康家班社"，并依据《东郭先生与狼》寓言体小说情节，编撰成四折杂剧《中山狼》，与同遭贬谪"前七子"之一的王九思共创"康王腔"，至今被奉为"秦腔鼻祖"。

关于这位状元，还有逸闻传世。据说康海善操琵琶，当时誉为"圣手"。某年，康氏携剧社"巡回演出"至扬州焦山，曾独奏琵琶曲，倾倒观闻者，疑为天籁之音；后人遂将焦山易名"康山"以示纪念。明末清初大诗人吴梅村赋诗赞美："琵琶急响多秦声，对山慷慨称入神，同时渼陂（按，王九思）亦第一，两人失志遭迁谪，绝调康王并盛名，昆仑摩挲无颜色。"

故宫博物院现藏最大的根雕"流云槎"，据传系康海在扬州的遗物，为天然榆树根，依形略做雕琢，状似紫云；入清后由三朝阁老、一代文宗阮元购得，赠予好友完颜麟庆。麟庆卸任江南河道总督后，将之运回北京"半亩园"私邸，其后人又捐献给了国家。

康海著述遗世有诗文集《对山集》、散曲集《沂东乐府》《武功县志》等，不过，享有盛誉的还属杂剧《中山狼》。至今五百馀年，仍传唱不衰。他的文学史地位当然毋庸置疑，是明代状元中最著名的文学家。后人对其综合评价，也不必讳言：他的散曲风格虽豪放爽健，却过多生造和堆砌辞藻，为康氏文学成就里面的美中之不足。

还是说回这方砚铭上的文字，既有错字（贝示），又有自造（齾

24

陵），古玩店家无法网上"搜索"出究竟，遂成一"漏儿"？捧观此砚，再细读相关史籍，康氏人生之遭际，教人掷卷长叹、追崇遥拜。五百年前，对山先生以端石自拟："君子似之，知白守黑。"似可纠正后人《中山狼》系康氏影射、谴责李梦阳而作之误解。因为，儒学出身且又笃信道教的对山先生，自跨出皇宫之门，就不曾回首一瞥；铭刻"知白守黑"于砚上，以为座右铭；每日磨墨笔耕、摩挲晤对。

康海，允称真君子！

补记：以上拙文，写于二〇一八年初并发表，其时，忝为《东方文物》杂志顾问，主编嘱笔者"补白"、填空，遂有此"急就章"。

此后不久，得见《砚印赏读》（韩天衡、韩同之著），是书第五十四页，亦载有《明康海铭宣德岩端砚》。从其图及砚拓看（如图三），与舍下所藏几乎可视为"双胞胎"。仔细审读参详韩先生所藏，除砚的尺寸略小之外（15.5×9.7×1.5cm），砚材同为宣德岩；韩砚（姑且称之）的砚堂显著之处，有一较大"翡翠圆斑"，且透至背面覆手；两砚康氏之铭文、字体非常相似；唯本藏的铭文第一字"际"字，刻成了（貝示），成为错别字，"爵""俪""厥"三字都有缺笔简化（如图四，本藏拓），舍下所藏此砚皮壳老熟、有明显使用痕迹，铭文的字口深且凌厉、与砚体包浆浑然一体。

图三：《砚印赏读》书内页

图四：本藏砚拓

至于石质坑口，笔者专门请教广东这方面的专家，确认为明代所出坑口材质无疑。孰真孰假，在此求教方家。

关于康海，后世学人专门研究者甚少，偶尔论及，也大多简略。直至二〇〇三年，金宁芬作《康海研究》，学界称为："是明代文学研究史上的一项填补空白之作。"读后教人感叹。舍下还藏有《康对山先生集》《康海散曲集校笺》《对山集（上、下）》，翻阅之后，更对康海的文才、人品深为折服；对历史上普遍执康氏作杂剧《中山狼》，是为讽刺李梦阳负心而作，有了更加深入的了解与判断。

李梦阳（按，字空同，号中麓子）当年之得救，系康海惜才、惜友、义无反顾、鼎力相助；但事后，李梦阳也确有渐行渐远、默不作声之举。翻阅康海遗著，笔者以为，康氏并无后世传言的抱怨，乃至讽刺指斥。坊间传闻，多属附会误解。最有力的证据，是康氏有诗文为证——《读中山狼传》：

"平生爱物未筹量，那记当时救此狼。
笑我救狼狼噬我，物情人意各无妨。"

康对山被贬归籍民间之后，与李梦阳还有诗词唱和、书信往来。甚至，有五言古诗《梦中麓子》，念及这位旧友。

噫！

附注：此文初刊于《东方文物》（季刊）杂志，二〇一八年第一期，署名：三一堂主。

二〇二〇年六月十日补记

# 点点滴滴润砚田

记不清是哪一位雅士高人了，说文房四宝必须再加上一宝，依据是，我邦土生土长道教之"阴阳五行"；"四宝"缺水，添"盂"加"洗"，称作"五宝"，方才功德圆满。至于笔墨纸砚这老"四宝"，如何去属对"金木火土"？其说辞牵强。很多时候，藏家难免执痴，会心者可一笑。

古时文人、士大夫案头文房器用，确是离不开水器——砚滴、水盂（丞）、水注（用作浣笔的笔洗姑且不论）。科举时代绵延了一千多年，文人士子研墨挥毫，"我生无田食破砚，尔来砚枯磨不出"（苏轼《次韵孔毅甫久旱已而甚雨三首》），"以文为业，砚为田"。（宋·戴复古《寄王溪林逢吉》）将一方砚台比作农家耕种之土地，日日不辍，此"田"焉能缺水？

二〇一八年夏，再次观览日本东京国立博物馆。其主馆又称本馆之二楼，展出三只18—19世纪（江户时代）铜质砚滴，两只象生茄子，一只黄瓜，其简介写道："砚滴是用来贮存清水，以便研墨时滴入砚池的文房道具，其重要性仅次于笔墨纸砚。"描述可谓精当。

拿日本的文房器用举例，而且制作年代约为我国清中晚期，笔者也是颇费踌躇。关于文物藏品，讲历史、论文化，我们的省一级博物馆展品，其渊源脉络，青铜、字画、官窑瓷器，等等，俗称的年头、辈分，日本确是不堪一比。

问题关键是，我们对于传统文化或曰文物的视角、观念。日本将年份如此浅的文房小物件，以国家阵仗来展出，且用中、英、朝鲜文字简介说明，我们，则很难见到；在号称该馆藏品日本首屈一指的十一万七千件中，遴选出五十件编印成书，且有两件文房用具入选，其中一件定为国宝的（"八桥莳绘螺钿砚箱"，江户时期，尾形光琳1658—1716年）当作了封面，我们，更难做到。这件漆绘文具盒一非皇家御制，二非鼎彝礼器，三则"失群"，缺笔少墨。在我们看来，国宝何谓？！再说多一句，看看日本纸币上都印了哪些人物、什么身份，想一想，也就理解；进而释然。

笔墨纸砚起源中国，定名"四宝"则于宋代。在文献里翻查得知，该名出自宋太宗太平兴国五年状元——苏易简（958—997），其身后不算多的著述中，《文房四谱》最为后世称道。在此之前，南北朝时期（420—589年），文房是指国家掌管文书的地方；唐代，文房一词扩展包含了文人的书房；到了南唐后主李煜，他的书画藏品上多押以"建业文房之印"，又扩延到收藏书籍、鉴赏书画的地方。世易时移，近世以来，"文房"已是书房案头文具之类的泛称，"四宝"之外的辅助器物，亦称文玩、文房清供。

千馀年前的苏易简，为笔墨纸砚作谱立传之时，正值科举制度逐步走向规范、成熟的大宋初年。苏氏如此雅兴，在朝为官却写"闲"

书，或许正映射了宋初科举、文风勃然而兴的社会大背景。苏氏是幸运的，说他幸运，因为宋太祖赵匡胤立国之后，大兴科举，几乎年年开榜，不拘一格招揽天下英才。不妨说一段趣闻：作为在宫廷中举行的进士考试，宋太祖有一条让人意想不到的规定：重点是比答卷写作速度，谁第一个交卷，谁就是状元！到了开宝八年（975 年）殿试，没承想，考别人的皇上，自己却遇上了难题：应试举子中有两人率先、同时做完答卷，并且同一时间呈送至赵匡胤面前，"宋太祖粗粗看了两份考卷，各有特色，也难分高下。这状元应当属于谁？宋太祖沉思了片刻，忽然计上心来，不动声色地说：'你们两个摔一跤，就在我面前摔！'陈识（按，考生之一）的脑子还没有能转过弯儿来，就被身材魁梧的王嗣宗扑通一声摔倒在地上。宋太祖哈哈大笑，指着王嗣宗说：'好！你就是今科状元！'"[1]

千年已过。如今看来，这项奇葩的科举制度，比的竟然是答卷的快与慢，但却施行了三十年，一直到宋太宗赵光义淳化三年（992 年）。三十年间，产生了二十二位状元；而苏易简，即是凭借着写作神速、抢先交出答卷，金榜题名当上的状元郎之一。

还好，此后的史籍中，再也未见科举考试"加赛"摔跤的记载。不过可以想见，宋初那些年考生的体魄，估计要强过今世当下。因为考生还要强健身体、练习摔跤搏击，以备不时之需；而在宋初，这项制度应该也激励、锤炼出一大批才思敏捷、倚马可待的文士才俊。

进士科举自隋代而立，唐、五代至宋，封建社会结构中产生了大批有志仕途的文士学子，他们分布于各个阶层，遍及全社会，构成"金字塔"形社会形态。这么一大批人，一千三百多年，他们的

---

[1]《科举奇闻》，鲁威著，辽宁教育出版社，1990 年，92 页，原引《宋诗纪事》卷二引《玉照新志》。

文房之用，日趋完备、精致、精彩，发展延续到科举终结的清末（1905年），文房四宝兼及文房器用，真正是琳琅满目，出奇出新，并早与汉字、书法、绘画一并播散海外，影响，更可谓深且远。

微词《文房四谱》不合"五行"的雅士可能没有留意，苏易简及稍晚至南宋的赵希鹄《洞天清録》，都对供砚之水器予以关注。且作一下文抄公："昔有人盗发晋灵公（按，春秋时期晋国国君）冢，……获蟾蜍一枚，大如拳，腹容五合水。润如白玉，取为盛滴器。"[2] "《水滴辨·晋人水盂》：余尝见长沙同官有小铜器，形如桶，可容今一合，……古人无水滴，晨起则磨墨汁盈研池，以供一日用，墨尽复磨，故有水盂；铜水滴：铜性猛烈，贮水久则有毒，多脆笔毫，……今所见铜犀牛、天禄、蟾蜍之属，口衔小盂者，皆古人以之贮油点灯，今人误以为水滴耳，止堪作几案玩具；玉杯水滴：白玉或璀子玉，其色既白，若水稍有泥淀及尘污，立见而换之，此物正堪作水滴……如无玉器，用古小瓷盂贮水亦佳。"[3] 这是历史上最早的两部为文房器用立谱，辨识真伪的专著。

此后近千年里，科举制度不断完善、延续，造就了不下亿万的文人、士大夫，成为维系封建体制的中坚，也是风雅潮流之源头。他们讲品味，呈风流，有雅兴、善比兴，加之豪门、商贾阶层附庸风雅、攀比追逐，再有帝王喜好、推崇，晚明至清，高濂的《遵生八笺》、屠隆的《考槃馀事》、文震亨《长物志》等涉及文房清供的著述，纷纷出笼，引领文房器用风尚；晚清民国较为著名的，还有许之衡《饮流斋说瓷》，赵汝珍的《古玩指南》，等等，将文房四宝及之属的清供制作、鉴赏、收藏，一步一步推向奢华潮头。其时，文房清供以材质论，无所不用；以器型讲，无奇不有。继而成为官宦、

---

[2]《文房四谱》，（宋）苏易简著，江苏凤凰文艺出版社，2017年，170页

[3]《洞天清録》，（宋）赵希鹄著，浙江人民美术出版社，2016年，38—39页。

文士、商贾案几上不可或缺的把玩、欣赏、斗富炫耀兼实用之物。

单就供砚之水器讲,水盂(丞)、砚滴、水注大多一掌盈握,其文人审美、巧思,皇家贵胄之奢华、富贾可以"显摆"集于一身,再与工匠妙手相得益彰,最宜赏玩。这些个曾被文博界、收藏界列为杂项的小玩意儿,虽称不上重器,仅就实用功能讲,经由它,濡墨虽涓涓细流,却不可或缺,助力传载了中华史籍、书法、水墨绘画之大气象、大格局。如果称之为文房第五宝,也算不得过分。

大英博物馆前馆长约翰·马克写过一本书,名为《小玩意——微缩世界中的未知之力》,书中说:"小物件的制作过程不但包括了美学工艺,也是一种文化过程。"并引用人类学家克洛德·列维—斯特劳斯在谈及艺术品时的话"小型物件固有一种美学特质",其著述第一章的标题,干脆就叫"小的就是美的!" [4]

拙文仅就古时研墨供水器用作一管窥,拜君想见一下,此物是千载以降中华文脉流淌不息、缕缕不绝的参与者、见证者。

图一:战国,印文陶水丞。最大直径 5.5 厘米,高 3.5 厘米

[4]《小玩意——微缩世界中的未知之力》,(英)约翰·马克著,王心洁、李丹、马仲文译,南方日报出版社,2011 年。

此物体型小巧，握不盈掌，麻布纹，胎质黄白疏松，线切平底，口沿处捏塑两只"S"形装饰纹耳。说它是水丞，需要特别解释，《文房四谱》《洞天清録》中，都谈到上古器物转用为文房的事例，后世文房器用亦多有它物转用之实，尤其是上古玉器、铜器、陶器。古人不谙什么科学考古，地下挖出来的器物，适用即可，甚者，不为贮水实用，只作陈设把玩。遥想当年，如此小盂能派何用场？酒饭皆不宜，且盂内底尤存墨痕，两三千年后的今天，只作此风雅之想。

图二：汉代，原始青瓷水丞。腹径 6.5 厘米，高 4.5 厘米

　　此水丞灰胎，青黄釉，口沿微侈，线切呈锐口，内满釉，外釉不及底，平切底；烧结温度较高，因釉与胎的膨胀系数不同，釉面大多剥落。此物看似其貌不扬，却是我们祖先的伟大发明，可说是陶瓷之母，由陶器向原始青瓷质的转变，迈出了重要一步，以此为基础，进而又探索烧成了瓷器，这对于人类的生产、生活，具有划时代之意义。此后的千年以来，我邦这种土与火的工艺，火与土的

结晶，引领和改变了世界文明。

图三：西晋晚期，青釉褐彩蛙形水盂。直径8.8厘米，高4厘米

此物外釉不及底，蛙头、四肢、尾部为贴塑点褐彩；釉不及底，底足平，有三点支烧痕，其双目炯炯，四肢紧绷作即将跳跃状；尤其蛙腹两侧暗刻羽毛状双翅，寓意此蛙"非凡"；寒窗下、青灯黄卷前苦读学子，也将非凡。

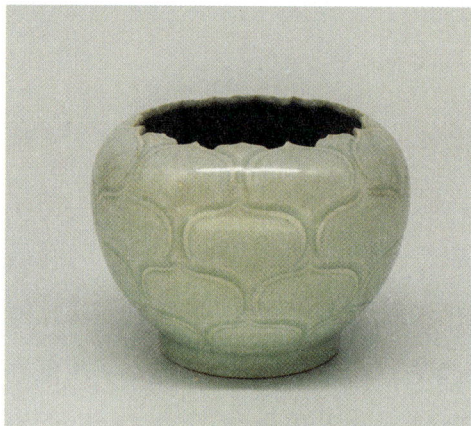

图四：宋代，湖田窑青白瓷莲瓣纹水盂。腹径10.7厘米，高8.3厘米

此盂通体刻仰瓣四层半莲花纹，口沿处参差半片莲花，形成花口，典型"半刀泥"刻工，刀法犀利、流畅，对削两刀即现花瓣边缘轮廓；造型规整端庄，如青白玉釉色，土浸深入釉胎，胎体甚薄。此类纹饰有礼佛寓意，更以周敦颐《爱莲说》自励。

图五：明清之际，和田黄玉双蝠纹耳杯（盂）。长12厘米，腹宽6.5厘米，高4厘米

此杯得于早期中恒一品拍卖，从玉质、工艺等方面考察，应属晚明清初之物。型制为杯，器主体近似方形，四矮方足，若是用来饮酒，则无从下口。最有意思的是，其外壁阴刻篆书南宋曹幽《春暮》诗两句："门外无人问落花，绿荫冉冉遍天涯。"其中可窥设计者心思，如若日日用其饮酒，那可是典型的"喝闷酒"。此杯即转用，作为文房之盂，系寄托文士心迹、风雅的一例。

图六1、2："大清嘉庆年制"款，珊瑚红描金"福海"纹海棠型水盂。最大直径12厘米，高5.5厘米

36

此盂早些年得之于相熟的古玩店家，还有一段小故事。知我钟意小文房类物件，其自河北老家返粤，此兄电告，说是为我"找了一堆文房杂物"。如约前往，见水盂（丞）约有十只，新老残皆备，说是"一枪打"就均价五百。成交后返家，甫未坐定，即接此兄短信，说（如上图）这一只系官窑老货，且货为其弟 XX 钱收来，"卖亏了！"我回复："那该怎么办？不行，我加钱补齐收购价？"此兄回复：按古玩行规矩，没有再收钱的道理，只是告诉我"亏了！"时值春节在即，心有不安，再约好日期，驾车百馀公里赴店家，送去锦盒洋酒一套三瓶，外加国产名酒两瓶，以作补偿。此兄春节后电告：返乡乘火车，坐的是"硬板儿"，一天一夜多，车上无聊，遂设法找工具，撬开了一瓶"洋的"，喝到大半夜，问其喝洋酒的感觉，答曰："妈的，后劲儿真大！"

　　关于这只官窑水盂，作为工薪阶层，未敢奢望能如此得藏；此番意外得之，不免心下惴惴。先后请教两位师、友专家，称为真品无疑。此盂作海棠型，口沿处对称塑两只蝙蝠之首，双翼珊瑚红釉上描金，几乎覆盖盂身上半部，寓意洪福齐天。又塑绘三只各彩蝙蝠为底足，合成五蝠（福）捧寿；在口沿红釉间隙，两侧处至底部，以松石绿为地，细描黑线绘海水姜芽纹，其白色浪花状（姜芽）釉为"玻璃白料"，凸起并有细纹开片；青花篆书底款，书写规整，最末一繁体"制"字左上部，为乾隆朝典型"出"字头写法，而非"山"字头，嘉庆朝罕见。询问师友，师友笑语说："这件东西按工艺讲，起码入窑烧两三次，十分考究，应该是乾隆爷还在，当太上皇呐；款识这种写法，应该是工匠写顺手了，可定为嘉庆四年之前。"后再查资料，《故宫经典·文房清供》卷："青花海水龙纹印泥盒"，正面有"懋勤殿"款；底部有青花篆书"大清嘉庆年制"款，也是"出"

字头写法，与本藏底款字形、字体完全一致，为清宫旧藏仅见。

图七 1、2：明末清初，犀角雕莲花、缠枝葫芦纹水盂。长 12.5 厘米，宽 10.5 厘米，高 4.5 厘米

这里先要郑重说明：犀角、象牙及虎骨等均属于禁止交易和进出境的珍稀野生动物制品。我国已加入《濒危野生动植物种国际贸易公约》，国内《刑法》《野生动物保护法》《海关法》等都有严格规定。

多年前得此水盂实属无意之举。认识一位境外的藏家朋友，在大陆亦有居所，知我喜好文房，他亦看上我早年收藏的两块"开窗"翡翠原石，缠着交换。此类珍稀之物，作为收藏者虽可遇而不可求，但以世俗观点，此类藏品与青铜器等一样，不可交易、拍卖（中国大陆），不能出境，所谓的"市值""升值"也就无从谈起。朋友知道我犹豫，又放出一招，邀我观赏其另外几件犀角藏品。他也坦言，宝藏在大陆家中多年，没有留意相关法律出台规定，亦带不去境外，如真心喜欢，可再挑一件与舍下所藏翡翠原石交换云云，笔者最终挑选得此犀角水盂，另一只，则为明末半桃型"五福捧寿"缠枝过底葫芦纹笔掭。

此水盂作开瓣荷花状，内底部雕有一枝小花蕊，口沿约三分之一处，对称雕两只半身掩在花瓣中的蜜蜂，形肖，纤毫毕现；口沿外向下至底足边缘，雕缠枝叶及两只小葫芦，其枝条、叶脉筋络采用阴阳线凸雕，可叹为神工。此物虽谓水盂，但绝非实用，纯为案头陈设清赏，对晤冥想：曾在谁家？

图八：北宋，湖田窑青白釉瓜型砚滴。腹径 4.5 厘米，高 3 厘米

　　此物仿生南瓜，造型小巧可人，土沁入胎，在瓜顶侧部有入水孔，瓜之外缘上部，设一短直流为出水。宋代文人士大夫因国家"重文轻武"而春风得意，高薪为官，多有雅兴，追求精致、艺术化的生活方式。如此袖珍水器，贮水供砚不堪一用，多为田园之思，清供把玩。

图九：明代，龙泉窑子母蛙砚滴。长 9 厘米，腹径 5.7 厘米，高 5 厘米

一只母蛙背上仰首蹲坐一只小蛙，顽皮、神气十足；母蛙似瞠目鼓腹作鸣叫状。蛙口即为出水。其背后部塑贴一柄小荷叶，叶面开有进水孔，其构思之精妙，教人赞叹。惜为明代晚期，龙泉窑工艺、釉色渐趋颓势。

图十：清乾隆，水晶雕螭龙匜型砚滴。长8厘米，腹径3厘米，高1.5厘米

此匜可称"迷你"型水器，作执手的螭龙高不过2厘米，却神情凶猛毕现，四肢充满张力。在质地硬且脆的水晶上掏膛打磨成型，器壁厚仅2毫米，在其口沿又阴刻清初常见的"席纹"饰边，底部挖磨成圈足，近似"泥鳅背"；整器线条造型呈卧S状，充溢韵律之美。此物为证，文房雅器不纯为实用，以其材质名贵、其工争奇斗巧，古人常作赏玩清供。

图十一：清代，紫砂笋型砚滴。长14.5厘米，腹径5.5厘米，高3.5厘米

此砚滴用象生手法，捏塑成竹笋状，分别在笋尖处暗藏出水口、根部置入水孔，外观足以乱真，底前部有方章四字篆书款"陈鸣远制"。陈氏为清早期宜兴陶艺大家，善作象生文房器，启发、影响后世陶工；身后多有仿者，且冒其名款。此物应为晚清仿制，仍不失为文房雅器，寄寓文人高洁（节）志趣。

图十二：清代，铜质鹌鹑型砚滴。腹径8厘米，高7厘米

鹌鹑引颈作鸣叫状，其口部为出水，背上部为入水孔，系为铸造成型后再施以镌刻。通体羽毛状形态等均细致呈现，皮壳包浆老熟，不输日本国立博物馆展示的铜质茄子、黄瓜之"重要文化财"砚滴。鹌鹑的形象和图案，古人很乐意使用，企望现世安（鹌）稳、安详。

以上所列各图，均为书斋中供砚水器的水盂、砚滴。古人喜作仿生形态，各类动物、瓜果之选，最见妙思、神手，异彩纷呈。唐宋之际，龟、蟾型等两栖动物造型仍为多见。南宋刘克庄有《蟾蜍砚滴》，诗曰："铸出爬沙状，儿童竞抚摩。背如千岁者，腹奈一轮何。器蛟瓶罂小，功于几砚多。所盛涓滴水，后世赖馀波"。

千馀年来，我们的中华文化，或曰以毛笔书写的文化，靠的是一代一代用汉字，用水墨传承至今；后世仰赖的这脉"馀波"，至今，让国人引以为傲，让世界瞩目。

古人供砚磨墨水器中，还可以细分出一种，带执手（把）、流的，称之为水注：

图十三：东晋，越窑青瓷小鸡首壶水注。腹径7厘米，高8厘米

此为两晋时期青瓷的经典之作。鸡首为流，写意型鸡尾上翘，与盘口相接为执手，肩部对称塑桥型系一对；釉色青雅，土沁斑斑，古意盎然。两晋时期，鸡首壶多为大器，且多为明器；东晋始，鸡首喙部开圆柱孔为流，转装饰为实用。此水注可称袖珍，较为稀见，应为书房砚台供水磨墨之属。常有穿越之想：当年的王羲之、陶渊明书案上，会不会也有它？

43

图十四：北宋，湖田窑青白瓷童子降龙鼓形点褐彩水注。长 6 厘米，高 5 厘米

　　此水注工艺精湛，其胎釉薄如纸，灯光下通透；捏塑加制胎可称青白瓷典范。整器作腰鼓型，鼓面侧上方捏塑龙首为流，龙首颈上一童子作骑驭式，双手向下掐摁龙耳，其背后龙身弓起挣扎状为执手。宋代文人、窑工这般的豪情，有下海屠龙抱负，神乎其技。如若明清之后世，如此妄为的造型，皇家定会追究、株连，砍其头者，不知凡几也。

图十五：金代，孔雀蓝釉水注。腹径5厘米，高8.5厘米

此物釉不及底，素胎施铜元素着色剂低温烧成。其发色似孔雀之蓝色羽毛，夺人眼目；胎釉结合问题，釉面大多剥蚀严重，但小器大样；其"流"仍有唐代遗韵，器身则在宋代由丰满渐变为修长。

中华之文明文化、文脉世代相通、审美亦日趋相同；历史上，北人游牧草原民族，尚武霸蛮，心底里却仰慕中原文化，几千年来，多民族之间，征服与被征服，刀兵、征伐之火不断，但是，战火里形成的大一统之中华文明，也就在其间，共同锻就。

图十六：明末，德化窑石榴纹水注。腹径5.5厘米，高4.5厘米

　　此物得自香港荷里活道古玩店，某年，与女儿在古玩街闲逛兼作其讲解员。在满谷满坑的"宝物"中，发现灰头土脸两只小物件，一只缺盖束腰葫芦状，如图这一只完整无瑕。用手指一抹，釉色莹润，典型的"鹅毛白"，询价，吓了一跳，是远没有想象的价高。仔细端详，所有特质均指向晚明。本着"褒贬是买家"原则，砍价，最终年轻的店主又"减让"三分之一港币成交。

　　晚明之德化窑工艺，胎釉发色正是工艺顶峰，欧洲尤其法国人最为痴迷，称誉为"中国白"。几百年里，大量搜罗进口。欧洲人不用毛笔，更不懂砚台、砚滴、水注这类看不上眼的文房小物件。五百多年过去，深谙本土文化的窑工匠人们，用心巧思之作、留下这中国的白，教人宝爱。

图十七：晚清民国，白铜壶式水注。腹径 7 厘米，高 3.5 厘米

水注为微缩版茶壶形状，直流、曲把，上方圈口墙内置入水孔，水注身一侧刻有山石兰草，另一侧镌有"香草祠人写于海上"，款"酒盦"（按，盦通庵），又刻一"子木"方章。遍查资料多年，找不到原主人头绪。仅就器物"迷你"的工艺讲，十分考验功力，更不用说，镌者寥寥几笔的兰花，飘逸生姿；一笔小字，又透出女性妩媚。

落款"写于海上"，也就是现在的上海。晚清民国"十里洋场"的年代，庵主是一介文士不会有错，性别呢？陆小曼、潘静淑、孙多慈辈才女？惜未可知也。

附注：此文初刊于《东方文物》（季刊）杂志，二〇一八年第四期。

47

# "青白"宋瓷话文房

　　收藏文房诸器，绕不过"郁郁乎文哉"（《论语·八佾》）的宋代。

　　北宋太宗朝(976-997年)状元苏易简，首次将文人书房器用笔、墨、纸、砚称之为宝，并作《文房四谱》；其后，林洪《文房图赞》、晁贯之《墨经》、米芾《砚史》、佚名《歙砚说》《端溪砚谱》等蔚为大观；文人墨客每日与文房器用相处，所谓的"日久生情"。于是，就有了苏轼"小窗虚幌相妩媚，令君晓梦生春红"（《眉子石砚歌赠胡訚》）；陆游的"水复山重客到稀，文房四士独相依"（《闲居无客所与度日笔砚纸墨而已戏作长句》）那般的亲昵之语。欧阳修《试笔·学书为乐》曰："苏子美尝言：明窗净几，笔砚纸墨皆极精良，亦自是人生一乐。"；文房四宝之外，文人、士大夫倾情参与文房设计，为其配属、衍生出众多的文具，乃至书房中的各类陈设，雅称"文房清供"；甚至还为笔墨纸砚、水盂、镇纸、笔架等十八种文具拟人化为"十八学士"，加"封"官职、名姓、字号。到了南宋，赵希鹄《洞天清録》又细分为古琴、古砚、古钟鼎彝器、怪石、砚屏、笔格、水滴、古翰墨真迹、古今石刻、古画十门。

国学大师王国维在《宋代之金石学》中感叹："天水一朝人智之活动，与文化之多方面，前之汉、唐，后之元、明，皆所不逮也。"王氏如此之推崇宋代，其原因就在于，到了宋代，朝廷的"崇文抑武"政策；科举制度趋于完善、科举兴盛；加之社会经济繁荣发展，其社会阶级结构与生产关系等，都发生了史无前例之深刻变化。"以'科举社会'这一个概念来阐释宋代社会特色，渊源自钱穆。钱穆在《中国社会演变》一文中，从士人身份与政府组成分子出身的角度出发，将唐以下的社会称为'科举社会'，认为这一种社会在唐代已开始，到宋代始定型，其中心力量完全寄托在科举制度上。"[1]

科举，造就了千千万万的士子文人、高官显贵。"两宋是培养'士气'的时代，前此形象与概念尚有些模糊的'文人''士大夫'，由此开始变得清晰起来。政治生活之外，属于士人的一个相对独立的生活空间也因此愈变得丰富和具体。"[2]；加之"宋朝出现了中国历史上最早的城镇化，按行政建制，城镇包括京师，路府，府、州、监、军城，县城，镇、市。城市人口大增，北宋京师开封府人口一度超过一百八十万，南宋临安人口最多超过一百二十万，均是当时世界上人口最多的城市。"[3]

文化、教育兴盛发达、经济繁荣、工商业者地位提高、市民阶层的壮大，文人士大夫作为社会精英的引领，陈胜利先生认为："站在精神层面、文化的立场，宋代堪称'盛宋'。"陈先生誉之为文艺复兴式的"宋型文化"；已故台湾大学教授郑骞在《宋代在中国

[1]《宋代科举社会·序》，梁庚尧编著，东方出版中心，2017年。
[2]《宋代花瓶》，扬之水著，人民美术出版社，2014年，136页。
[3]《弱宋·造极之世》，陈胜利著，清华大学出版社，2016年，103页。

49

文化历史上的定位》中指出："唐宋两朝，是中国过去文化的中坚部分。……上古以至中古，文化的各方面到唐宋结束。就像一个大湖，上游的水，都注入这个湖；下游的水，也都是由这个湖流出去的，而到了宋朝，这个湖才完全汇聚成功，唐时还未完备。"[4] 陈寅恪先生更是断言："华夏民族之文化，历数千载之演进，造极于赵宋之世。后渐衰微，终必復振。"（《宋史职官志考证·序》）

千年以来，史家说不尽的宋朝。而单说宋瓷，后世皇室、显贵、满世界的鉴藏家追捧宋瓷[5]，近千百年，人们趋之若鹜，奉为至宝。

余生也晚，且为工薪一族，"五大名窑"之真容，早年只能在博物馆，透着厚厚玻璃得见真容，或是拍卖会上的天价耳闻。二十世纪八十年代初，国家硅酸盐学会牵头，文物出版社出版了《中国陶瓷史》，回想彼时，在上海南京东路新华书店，咬着后槽牙，花了十多元钱，捧回是书，这在当年，可称为豪举。回想改革开放之初，书店每有新书发售，都会排起长队；队伍中大家议论纷纷，说此书是中国第一部"写物"、写陶瓷的历史书，听着好奇，也想拥有一部；携归阅后，感觉有趣亦好玩；与凡事功利的当下，收藏指南、"收藏秘诀"之类等无涉。当然，由此也粗略知晓了陶瓷自唐代"南青北白"，至宋形成"六大窑系"，宋代除了"五大名窑"名品，还有南方没入"品"的景德镇青白瓷系。

也是机缘使然，一九九二年又购得《影青瓷说》（陈定荣著，紫禁城出版社，1991 年版），此书为青白瓷专题研究的第一部。陈

---

[4]《永嘉室杂文》，辽宁教育出版社，1998 年，218 页。

[5] 按，汝、官、哥、钧、定"五大名窑"——文博界、考古界至今没有定论，详见《宋词笔记》，刘涛著，生活·读书·新知三联书店，2014 年，218 页。

定荣先生细说："影青瓷原先称'青白'，宋元文集多有记述……入清以后，人们将青白古瓷改称为影青。"古人还有"映青""罩青""隐青"等诗意般的描述。此时，社会上大众收藏"邮币卡"热等，已经勃然兴起，为着附庸风雅，自己也悄悄加入收藏者队伍。囊中羞涩的原因，先给自己订了个原则：不跟风"邮币卡"，以小巧、手可盈握的古人案头文房为目标，可赏、可玩；又因着心有"慕宋"情结：私下觉得，那可是王安石、欧阳修、苏东坡、李清照、辛弃疾、陆游生活的年代！将陶瓷文房收藏的"最高境界"，定在了两宋青白瓷文房器。"寻寻觅觅"经年，舍下所藏也就区区二三十件。馀暇展玩晤对，几多感慨。

据最新窑址、纪年墓考古发掘，青白瓷创烧于五代。现藏于北京故宫博物院，五代时期传世名画"韩熙载夜宴图"，前数年有研究者发现，韩熙载端坐围床前的几案上，绘有两把带温碗的类青白瓷注子，器型与宋代早期景德镇湖田窑所产极为相似，以图为证，弥补了《中国陶瓷史》中青白瓷烧造起始年代之一环。

宋太祖赵匡胤立国后，经济、文化得以长足发展，尤其是商业和手工业，"跨唐越汉，未有若今之盛者"（包拯语）。青白瓷烧造遂相继兴盛于江西境内乃至浙江、福建、广东、广西、湖南等地，形成庞大窑系并远销海外。这其中，执牛耳者，当为景德镇湖田窑。耿宝昌先生评价："景德镇窑系青白瓷的精品，胎质细腻洁白，积釉处透青，清新典雅，晶莹如玉。'陶成雅器，有素肌玉骨之象焉。'（宋应星《天工开物·陶埏》）……当时有'假玉器''饶玉'之称。其青如天、明如镜、声如磬、薄如纸的特质，使景德镇青白瓷不仅气息古雅，且内在蕴蓄的丰厚质感更令人回味无穷。"[6]。

[6]《青白瓷精品鉴赏·序》，江西美术出版社，2012年。

本藏中，以北宋中晚期的两只钵最能直观体现（如图：一、二、三、四）。

图一：青白瓷钵

图二：青白瓷折肩钵，口径9.4厘米，高6厘米，底足3.7厘米

图三：青白瓷钵

图四：青白瓷，钵口径 8.8 厘米，高 8.3 厘米，底足 2.9 厘米

　　两器均为薄胎，最薄处不足一毫米，满施青白釉，莹润如玉；一只束颈折肩，一只敛口丰肩，均为垫烧小圈足，其造型简约素雅，惹人怜爱。列为"十二五"国家重点图书出版的《湖田窑》[7]，将此列入日常生活用器（72—74页），窃以为不妥，此钵胎釉薄如蝉翼，小圈足其重心在上部，所谓的立足未稳，装盛食物等恐有倾覆之虞，应为文房陈设、观赏之器；另据现藏于台北"故宫博物院"据传宋徽宗御笔《文会图》，所绘众多的青白瓷食器中，盘盏、台盏、碗、壶、注碗等悉数登场皇家宴饮，独不见此钵踪影，亦可佐证非为实用器；这位断送北宋江山的"书画艺术家"皇帝，还有一幅著名画作《听琴图》（现藏故宫博物院，有考证非赵佶亲绘。）抚琴者右后方香几上置一金色托盘、四段式高足瓷质熏香炉[8]，色泽温润，积釉处呈现湖水绿色，与1994年安徽枞阳县出土的南宋景德镇湖田窑香熏炉（缺盖），型制几乎相同，联系古代相关方志文献，结合景德镇湖田窑最新考古物证，学者们认定："到北宋中后期，随着景德镇制瓷业的大发展，制瓷质量的提高，景德镇窑生产的瓷器才开始受到上层社会乃至皇帝的喜爱，最终成为贡瓷。"[9]笔者在此斗胆，借用徽宗所绘《文会图》，以舍下所藏之钵与其比对，提供一个视角：此类钵型青白瓷器非为实用，或为宋人之赏玩清供。

　　作为书斋器用，文房四宝系文人士子案头不可缺少之物，可是，由于材质如笔、墨、纸多为消耗品之故，能够保存传世至今，最多的，还属砚台这一宝。乾隆四十三年（1778年），于敏中、梁国治等奉敕编纂《西清砚谱》，序中就说："向咏文房四事谓笔砚纸墨，

---

[7] 中国古代名窑系列丛书,耿宝昌、涂华主编,江西美术出版社,2016年。

[8] 《故宫画谱·人物卷·配景文玩》,薛永年主编,王赫赫编写,2014年,38页。

[9] 详见《湖田窑》第四章《宋元时期湖田窑贡瓷和官窑地位的确立问题》,52—57页。

文房所必资也。然笔最不耐久，所云老不中书。纸次之，墨又次之，惟砚为最耐久。故自米芾、李之彦辈率谱而藏之，以为艺林佳话。"古今以来，上至天子贵胄、高官名流，下至寒士庶民，爱砚藏砚，称为"砚痴"者，数不胜数。

舍下藏有一组四方青白瓷砚（如图五），可资证明：

图五：一组四方青白瓷砚

右一为北宋中期抄手龟纹砚（11.5×6.6×3.4厘米），玲珑小巧，墨池处一捏塑小龟，翘首向上，奋力攀爬；右二为北宋早期仿抄手砚（5.5×4.7×2.5厘米），砚堂近端口有一无釉圆形处，可增大摩擦力，以供磨墨。此两方可称微型砚，均有使用痕迹；右三、右四两方分别为2.9×2×0.6、2.5×2×1厘米，不足当下一元硬币尺寸，可称"迷你"砚，为北宋早期青白瓷，显非实用，属于陪葬之"明器"。

55

可约略推想，当年寒门学子志业未酬而卒，寄寓来世之抱负期许，亦可见大宋学风之盛焉。

砚滴，古人亦称为水滴，用作向砚上"点滴"补水磨墨。此物作为文房四宝的配属清供，出现的年代可追溯至汉末唐初，历代文人多有诗词吟诵。下图为南宋景德镇湖田窑之精品，与此相仿佛者，有《湖田窑》一书南宋窑址地层出土一只（41页、图22），称为"青白釉袋型砚滴"；安徽省博物馆藏有一只，称为"影青釉水滴"[10]，舍下所藏，笔者命名为："宋代，湖田窑印花纹珍珠地、开光梅瓣纹、龙首凤柄砚滴"（如图六1、2）。

图六 1：为灯光下呈现的龙首凤尾砚滴，腹径 5.5 厘米，高 6.9 厘米

[10]《考槃馀事》,(明)屠隆著,赵菁编,金城出版社,2012年,264页。

图六 2：青白瓷龙首凤尾砚滴

一件如此之小的器物，胎薄如纸，莹润透光；其流、执柄上竟捏塑有龙、凤之首，颇为罕见；也寄托彼时学子们科举中榜，成为"人中龙凤"之期许。

图七：卧蟾砚滴。长 11 厘米，高 5.1 厘米

　　此为南宋荷叶卧蟾砚滴，"蟾"，有月宫折桂寓意，冀望高中榜首。从造型上看，与绍兴越国文化博物馆收藏的"北宋越窑青瓷蟾蜍砚滴"，有十分明显的借鉴、模仿烧造痕迹；也从一个侧面证明，北宋的靖康之变，造成大量人口南迁，许多北方窑工落脚于江西景德镇，为其日后成为"瓷都"，奠定了牢固的文化、工艺基础。

图八：吼狮笔架。长 4.7 厘米，高 4.2 厘米

　　两只笔架一小一大（图八、图九），一为北宋晚期，大者当为宋元之际。笔架亦称笔格（搁）、笔山，为书案上暂时搁架毛笔之用。

　　笔架出现的历史也很早，南朝就有记载。唐代杜甫有"笔架沾窗雨，书签映隙曛。萧萧千里马，个个五花文"之句。本藏笔架小者，定名为"吼狮笔架"，狮与师谐音，亦为佛教文殊菩萨坐骑，是为大智慧之象征。宋代正是家居坐卧用具向高、垂足坐迅速发展之际，书案变高增大，但文人笔耕日课，仍多为蝇头小楷，架一支毛笔正是合恰。

大的（图九）这只笔架，亦可称为笔架山。北京首都博物馆也藏有一只，与舍下所藏极为相似；首博馆藏的这只，因系元大都遗址窖藏发掘出土，遂断代为元，命名为"青白釉五峰笔架"。该笔架简介："五峰峰峦起伏，峰顶祥云缭绕，一轮明月冉冉升起；峰前细竹芊芊，峰下翻卷的海浪间塑一龙抬头望月。通体施青白釉，釉色润泽光亮。此器整体布局层次分明，造型玲珑秀巧。"[11]。

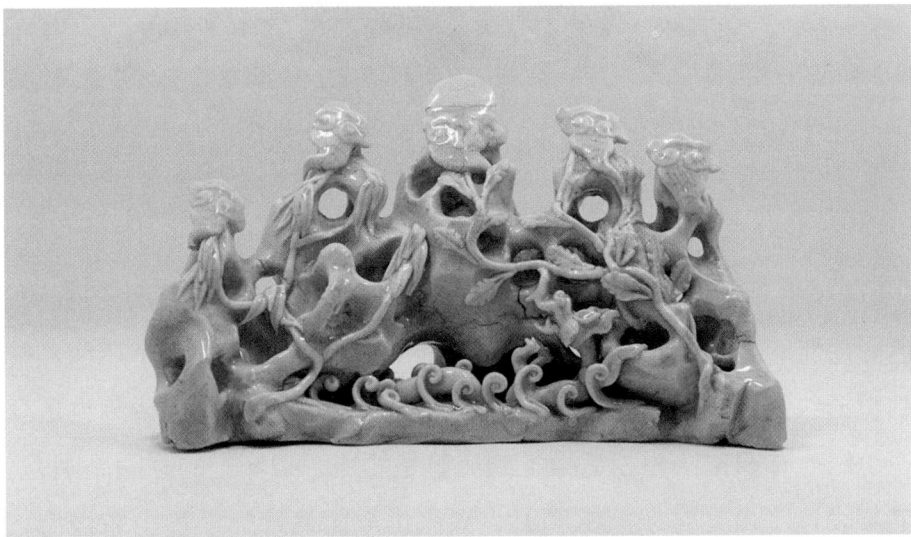

图九：笔架，青白瓷，长 19.7 厘米，宽弧度最大处 5 厘米，高 13 厘米

杭州博物馆藏有国内唯一元代青花瓷笔架，亦为窖藏出土。（图

[11]《中国文房四宝全集·文房清供》，张荣主编，图版说明 23，北京出版社，2008年，54 页。

十）器型、釉色与首博、本藏有明显的遗绪传承。

图十：馆藏元代青花瓷塑海鳌山型笔架

《举世无双的青花笔架》[12] 文中介绍："这件青花笔架小巧别致，色彩淡雅，与众不同。形似五指，笔架整体为海兽驮山峰造型，并贴塑云纹海浪，……架峰上的圆圈又是什么？围绕它的猜测也是众说纷纭。有专家认为，笔架上的海兽是蟾蜍，架峰上的圆圈是明月，笔架表达了'共君今夜赏明月，兴来谁欲骑蟾蜍''碧山东极海，明月升高天'的寓意。

杜正贤（按，该博物馆馆长）并不这样认为，他更倾向于，海兽为鳌，圆圈为冉冉升起的太阳。独占鳌头，旭日高升，几乎是古时所有读书人的梦想。"

舍下所藏的这只青白瓷笔架，尺寸略大于首博之藏；个别的细

[12]《纸上博物馆之越地宝藏》，俞吉吉编著，商务印书馆，2019年，124页。

节略有差异，而龙的捏塑更为灵动、张扬；两相比较，疑出自同一个窑工之手；再从笔架的胎、釉以及造型风格等综合考察，此两只青白瓷笔架山，早于杭州博物馆所藏元青花笔架，断代定为南宋、元初之际似较稳妥。

偏爱青白瓷，也是因了认同、拜服宋人之审美。如此的宋朝，教人慨叹。

三十年来，过眼青白瓷不知凡几，亦留下许多的遗憾和无奈。唯愿更多的国人，了解、珍视这一大宋王朝遗留给后世的"青白"一脉。

附注：此文初刊于《东方文物》（季刊）杂志，二〇一八年第二期。

# 说勺论匙

勺子，日常家用，古今中外人们都在使用，很普通；"勺"字，很古老，在中国，甲骨文、金文，甚至比它们更老的骨刻文[1]，都有其形（字）。

这么个小物件，普通且老，有什么可说呢？缘起二〇〇七年，《收藏家》杂志扬之水的《茶匙》（后收入《两宋茶事》）一文[2]。关于茶匙，扬先生博引旁征，末尾有一段话："造型设计和制作的谐美却使得它精细秀巧而又有出尘之清……茶匙之细事，即可为一证。"

其时，笔者已经开始注意搜罗古时文房水盂（水丞、水盛）之中俗称的"勺子"，拜托友朋们帮我关注；受托的国内、国外各地友朋，因了它小，几乎算不上个玩意儿，明里暗里调侃在下，钟情"小嫂（勺）子"。

[1]《昌乐骨刻文》，刘凤君著，山东画报出版社，2013 年重印。
[2]《两宋茶事》，扬之水著，人民美术出版社，2015 年，75 页。

　　话题再扯远点儿。职场难免疲惫。馀暇喜好翻翻闲书，无奈口味偏老，以文史类的居多。自忖无涉当下，选择一种方式，也算换换脑子，娱己、休憩而已；可是没有料到，进而想着再"找"点儿古物，以供执手晤对、发发思古之幽情；这大概，是迟早会染上的"并发症"，坊间称之为收藏。

　　经年不往已是流年。回过头看看，跟全民收藏之热，起初，虽有功利上的隔膜，可架不住红尘滚滚，最终仍殊归同路；身为工薪一族，因此喜好，囊中愈发羞涩，且难免遭受亲友白眼（称为：喜欢捡破烂儿）。也就琢磨着从"小的"抓起、所费不多，以不"伤筋动骨"为要，但是，依然是各种的诱惑、各样的挣扎。

　　收藏，所为何来？常会想到易安居士悲告："然有有必有无，有聚必有散，乃理之常。人亡弓，人得之，又胡足道。所以区区记其终始者，亦欲为后世好古博雅者之戒云。"[3]近千年的兴废过往，读书人知晓此告诫者不知凡几，所戒者几何？在下也反思，只因喜好，不为射利，踏此"好古博雅"一途，却真有"一朝捉将官里去，这回断送老头皮"之慨。

　　不过，多年下来，蒐藏各类物轻身微的"勺子"，检点一过，竟近两百数（如图）。

---

[3]《李清照集校注》，王仲闻校注，人民文学出版社，1979年，182页。

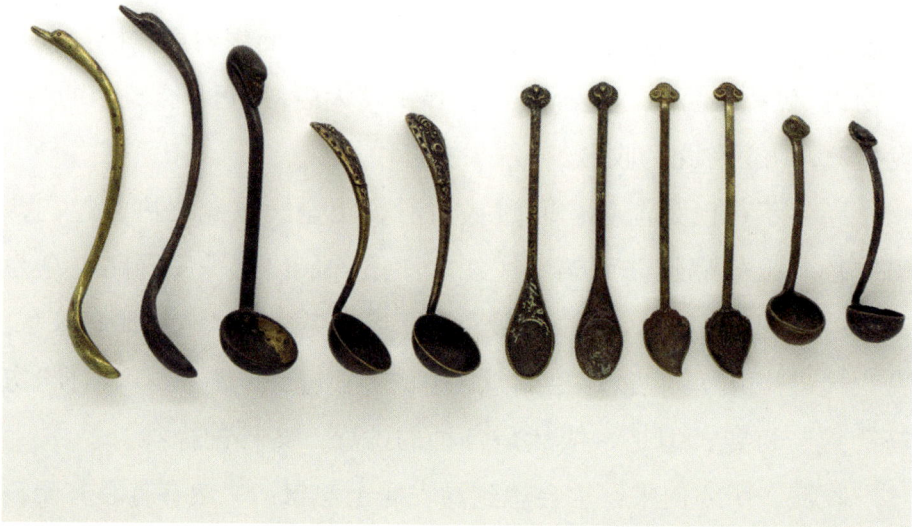

图一

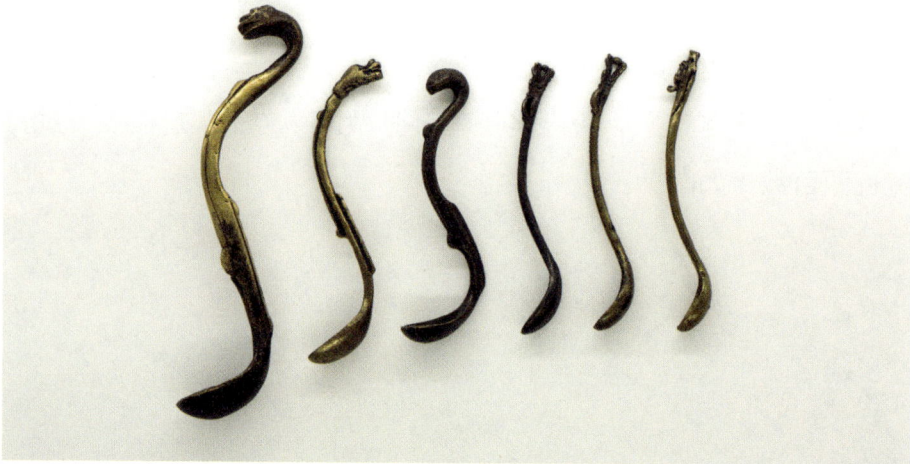

图二

摩挲把玩之馀，总觉得这些个"小东西"虽不起眼，但毕竟还是古时文人留下的东西，应该说点"心得、感悟"之类的，以为芹献与曾托付过的师友；就教于方家、同好。

我邦饮茶、品香雅俗，兴盛于宋。传至东瀛，演化推崇成"道"。其茶道、香道中，茶匙（枓）、香匙，俗称为"勺"者即是。日本的竹制（千利休等名家）茶匙，堂皇陈列其博物馆，奉为"重要文化财"（图三，茶匙）；香匙，则为"炉瓶三事"之一，唐宋以来，均以铜或瓷制成"匙箸瓶"盛装，郑而重之。

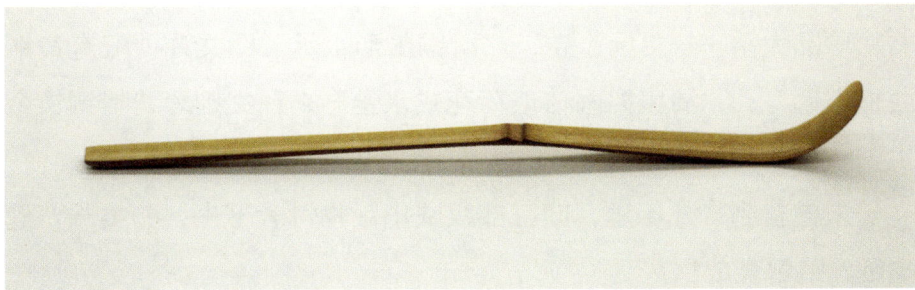

图三：日本茶匙

图四：香匙

由彼及此，本藏这些俗称的"勺"，本属文房雅物，其"本名"，古时什么称谓？

由是，翻查《中国文房四宝全集——文房清供》卷，从中只找到一幅图版中有"勺"，释为"并配小铜匙一柄"[4]；再查《故宫经典——文房清供》卷，线索多了一些，如"宋白釉出戟纹水丞"，图文说明"水丞内附一个小铜勺"；再如"明青玉螭纹水丞"，图文末句"一般水丞，常附以精致的小勺，工艺均精巧细致，不仅具有实用功能，也是一件精美的艺术陈设品"。"清中期玛瑙荷叶式水丞"，图文释"此器内还附一小白玉勺用以舀水，勺柄竹节形，勺头为如意形"，云云[5]。再查，距今最近出版的《故宫博物院藏文物珍品大系——文玩》卷，"清铜缶形水丞"图文释"配有黄铜曲柄小匙"；"清康熙画珐琅荷花式水丞"，释文则为"附铜镀金水勺一个"。[6]

未曾料到，几年里，向三部权威出版物讨教下来，勺矣哉？匙矣哉？呜呼哀哉！

无奈只得再搬救兵，翻检《说文解字》[7]"勺""匙"条目，发现此二字涉及面广博渊深，奈何却是"远水"，解不了本藏小物件"本名"之渴。转回头，再奔故宫——《养心殿造办处史料辑览——雍正朝》，翻至第三页，终于寻到一些线索，摘抄如下："雍正元年，十二月十五日总管太监张起麟、茶房首领太监明自忠……

---

[4]《中国文房四宝全集 4——文房清供》，张荣主编，北京出版社，2008 年，图版说明 53 页。

[5]《故宫经典——文房清供》，张荣、赵丽红主编，故宫出版社，2009 年，218、223、227 页。

[6]《故宫博物院藏文物精品大系——文玩》，郑珉中主编，上海科学技术出版社，2011 年，212、214 页。

[7]《说文解字》，(东汉)许慎撰、(清)段玉裁注，孙永清编著，中国书店，2011 年。

同持出交平面桌一张、宜兴壶三把、腰形紫檀木茶盘一件、小磁缸一件、青花白地磁钟 [ 盅 ] 二件。传旨：平面桌下中间放盛水缸一口，上添做盖缸一件、银舀子一件……银勺子一把、银匙一件……钦此。于二年十二月三十日将平面桌一张，上配做得银火壶一把……银水舀子一件、匙子一件、勺子一件……总管太监张起麟呈进。"此条档案虽不涉文房之"勺"，但雍正爷把舀子、勺子、匙子分说得清清楚楚，甚至是按器物大小次第排列，相信太监、工匠一定也听得明白。

再翻到雍正六年二月，"初七日太监王太平传旨：先进过的寿山石灵芝座绿玻璃水盛，其作法甚好，着照样再做几件。钦此。于三月初六日内管领穆森交来松录（绿）玻璃圆水盛大小三件，员外郎沈嵛唐英传着配座子。记此。于三月三十日松录（绿）玻璃圆水盛一件配得寿山石灵芝座镀金匙，郎中海望呈进讫。"

还有，雍正朝最后一年（十三年）的档案记载："四月十九日据圆明园来帖内称，太监王之信持来汉字帖，内开宫殿监督领侍苏培盛传做，铜水匙十五个、五色玻璃水盛二十五个、五色玻璃笔架十个……记此。于六月二十六日做得铜水匙十五件、五色玻璃水盛二十五件、玻璃笔架十件。交太监赵朝凤、王之信讫。"

再看看乾隆一朝，乾隆八年六月档案："十五日司库白世秀，副催总达子来说，太监高玉交掐丝法（珐）琅福寿三多陈设一件，内盛松花玉石砚一方，随紫檀木座。传旨：着将香元盒内配黑红墨二锭。钦此。于本年六月初六日员外郎常保，司库白世秀，七品首领萨木哈，副催总达子将掐丝法（珐）琅福寿三多陈设一件，随木座，砚配得珊瑚匙，黑红墨二锭持进，交太监高玉进讫。"这则档案里，很明确，说的是为砚配匙。

乾隆十年（正月）这则档案也很有意思："初八日司库白世秀

来说，太监胡世杰交茜绿象牙架一件。紫檀木炉盖一件，上嵌玉顶。传旨：着照牙座样款做檀香座一件，将炉盖上另换好些玉顶，其换下玉顶配座，配匙做水盛用。钦此。……于本月十七日七品首领萨木哈将换下玉炉顶一件，配得铜匙木座持进，交太监胡世杰呈进讫。"[8]

简略梳理下来，可以确定，文房水丞（盂、盛）中俗称之"勺"，本名为水匙；若以功用论，比照茶匙、香匙乃至烟（鼻烟）匙命名逻辑，水匙亦可称为砚匙。

检点舍下所藏，各类砚匙以清代居多，可确定为元、明之际不足十柄（参照博物馆或出土文物比对）。进入晚清民国，西洋风东渐，国人纷纷换笔，改用时髦且方便的钢（自来水）笔，已经成为风尚。此时还有砚匙，但多见以杂铜打制，或锉成鹅首形等，工艺不逮，粗鄙不堪。清早、中期砚匙，材质大多为黄铜，几乎都有鎏金，舍下所藏其他材质砚匙，还有银、红铜、玉石、水晶等。尝见苏州藏家一柄竹根雕小砚匙，螭首龙身，包浆红若枣皮，当为明末清初雅士遗物，藏家宝之，不肯割爱。

实际上，砚匙的材质远不止上述几种，其造型、尺寸更是百般花样。就本藏简单区分，约为十七种，想来是配适不同型制、材质的水丞 [图五][图六][图七][图八][图九][图十]，如图所示可以看出，二者不可或缺，相得益彰。

---

[8]《养心殿造办处史料辑览》，朱家溍、朱传荣、张荣选编（详见第一、二、三辑），故宫出版社，2012、2013 年。

图五

图六

图七

69

图八

图九

图十

所藏中有三组（柄），值得拿出来说说：一为明代红铜凤首砚
匙 [ 图十一 ]。

图十一

此匙得于江西赣州古玩店。店主将其置于仿冒明代青花水丞中，
开价过万；店家自然知晓水丞真伪，实为拿此勺子说事儿、"钓鱼"，
问我道："见过明代磁器上画的凤凰吧？你看这凤头，这灵动，这
线条！还是纯铜的！"此时，我知道遇上了高手，耗了半天跟他周旋，
破他搭售的把戏，最终，还是如愿携归。

较为稀有的一类砚匙为玉石、水晶材质 [ 图十二 ]。

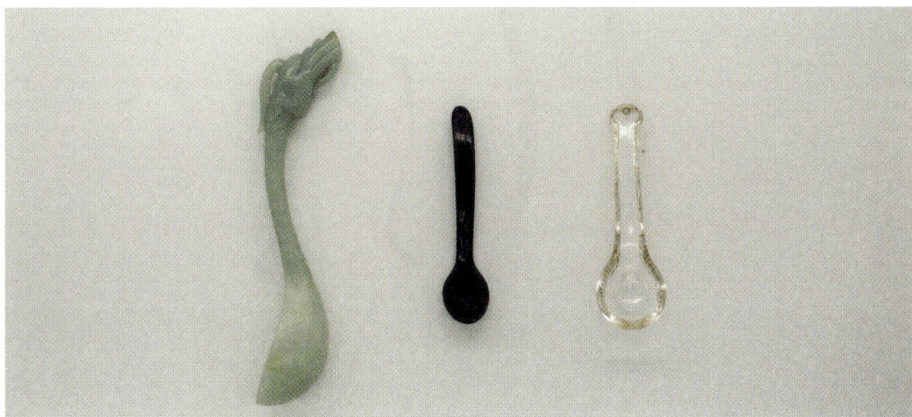

图十二

71

图十二右一为天然水晶，近乎纯洁无瑕。匙首雕刻成灵芝如意型，并对钻一圆孔；匙身边缘线内侧，雕刻类"凹凸"形纹饰，与习见之回形纹有异；店家又拿出袖珍水晶"将军盖罐"一只，同样上乘质地，两相比较，水晶罐竟较匙短去两厘米，器身为五瓣瓜棱型，盖、身刻仰覆莲，丰肩向下急收腰，随型内掏膛，叹为神工，疑为盛装舍利之用，遂一并携归。后请教师友，定为元明之际器物。

图十二中间为和田碧玉砚匙。其玉质油润细腻，发色幽绿，造型简素小巧，曾示于玉石专家朋友，答曰：材质为清早期所产和田上等碧玉；别看它小巧，却是要用很大一块料，切割成型，细细打磨而成。

图十二中左，为清代和田青玉螭龙首巨匙，长度达 14.8 厘米，匙口长 5 厘米，最宽处 2.8 厘米，深 2 厘米，口沿最薄处不足 1 毫米，螭首雕刻及整器打磨十分精到。偌大一柄水匙，费料耗工，薄处如纸，当年想必不为实用，只作把玩、陈设。

这一组 [图十三] 四柄砚匙也属罕见：

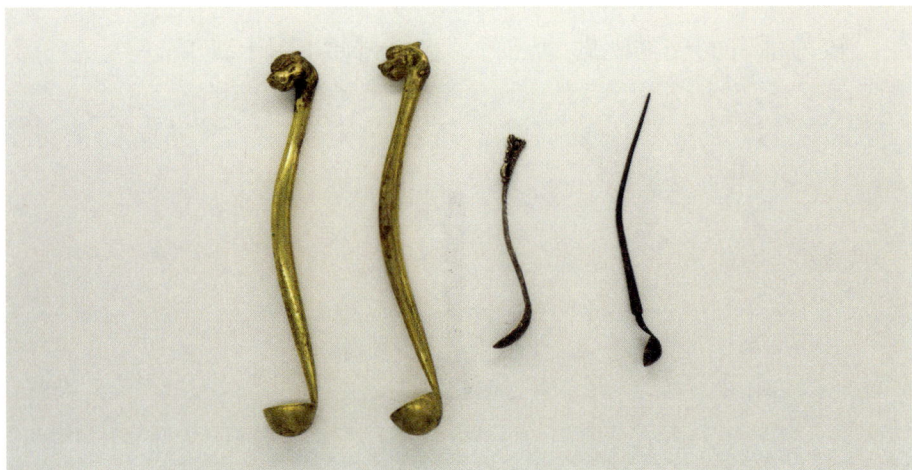

图十三

72

图十三右起第一柄为足银匙，其型制颇为怪异，匙口向后，像拖着长而渐细三棱的尾巴。多年后才弄明白，此匙有三个用途：扙取水丞之水用以磨墨；舀取鸦片烟膏；尾部用来捅透鸦片烟枪吸管。清末那段鸦片泛滥、瘾君子遍及城乡、毒害民众不堪的历史，这柄匙子竟是实物之见证。

图十三中间一柄亦为银质，螭龙吐珠造型，铜质鎏金者较为常见，均为模制（市面早已出现仿品）；银质者却很稀见，想来早年大都被熔化，变成妇孺之首饰。此匙得自山西大同，为多年收藏唯一的一柄。

图十三左，为一对铜鎏金螭龙首砚匙，通高15.5厘米，可谓硕大。器型为提水式，螭首铸造精细、神态生动讨喜；器身修长却不单薄，其线条透着韵律，鎏金厚重，发散雍容贵气。此物得于河北承德，教人忍不住猜想，或许，当年它是宫中之物？景泰蓝大水丞里失群的一员？还有一说，系庙中为供佛酥油灯添续酥油之匙。

多年搜罗勺匙型文房，免不了遇上些另类，似勺非勺。依次列举三例[图十四]：这一组五把类勺之物，当年发现它们，纯属偶然。

图十四

一次，在深圳古玩店里，笔者与相熟店家饮茶闲聊，对方忽然一拍脑袋，起身忙乱翻找，捧一锦盒递过来，说是十几年前收的青铜老勺子，品相不太好，故一直没有脱手。知我喜欢"小勺子"，愿意善值相让，遂收入。

"勺子"锈蚀较为严重，大小五把，相同型制，可视为一组；以材质、锈色、环形匙首等初步判断，当与战汉之际环形匕、环形书刀等特征类似，视为文房之用，显然牵强；要么是道教炼丹之物、法器量器？多年疑惑难解，也寻找不到任何头绪。

直至二〇一三年春节假期，细读孙机先生《汉代物质文化资料图说》[9]，方才豁然开朗；又查《古文物称谓图典》[10]，可以认定，此"勺"非勺，是为古代度量衡中之"量"。此量与陕西扶风出土的三只型制相同，本藏还多出更小的两只，年代应为西汉，名称以大小依次为篇、撮、圭。那么圭以下的称谓呢？还是孙先生答疑解惑："1合=2篇；1篇=5撮；1撮=4圭（分）。因为合以下的小量，古代多用于量药物，其容值或系参据常用之剂量而定。"至此，终于释却困惑已久的疑团。

据闻，此类器物传世极少，且青铜材质保管不易，曾与家人、友朋聊过，一旦考证明白，选择一合适机构，捐而献之。

作为"勺"之另类，如[图十五][图十六]均为玉器。

---

[9]《汉代物质文化资料图说(增订本)》,孙机著,上海世纪出版公司、上海古籍出版社,2012年,35页。

[10]《古文物称谓图典(修订版)》,罗西章、罗芳贤著,百花文艺出版社,2013年,259页。

图十五

图十六

笔者浅见，最初感觉它们形状似勺，但舀的部分浅且薄，显非文房水器之用，但应为相类似之物。考辨之途，又翻孙机先生《仰观集》[11]讨教，其开篇即为《灵玉·礼玉·世俗玉》："八千年前，

[11]《仰观集——古文物的欣赏与鉴别（修订本）》，孙机著，文物出版社，2015年，1页。

75

生活在辽宁阜新地区之创造出兴隆洼文化的先民，以超常的毅力和独特的技巧，磨砺出中国、也是世界上最早的一批真正玉制品，器形有斧、匙、小管、玦等。"这才知晓，玉匙竟有如此的资历。

本藏两组四柄玉质器物，似勺、类匙，资格当然没有孙先生说的那么古老。仔细观察比对，两对玉匙之匙口部位，都呈类榔圆扁平状，砣磨成浅凹勺型。其中，沁色呈红褐的一对马首勺，系学者、鉴藏家龚师燕蟒慨然相让。龚师曾撰有短文：《汉和田玉长柄马头对勺考辨》，不敢掠美，摘录如下："马头玉勺一长一短，一大一小，雌雄成对。一勺长 24.2 厘米，一勺长 22.7 厘米，蚕茧形勺舀，柄细长，中部坨凹槽，柄端接圆雕马头，一马昂首嘶鸣，另一低头咴鼻，马鬃梳理成八绺，两面分披。玉勺为和田白玉琢制，沁色粽红，或因捆扎缠绕，各受沁部位不同，去除粘连的捆扎物后露出白地，受沁面各达约 80%。……此两把马头玉勺工艺精湛，琢刻功力劲挺犀利，线条简洁流畅，沁色自然完美，虽然是一对器皿，但其与富有生命力并隐喻龙马精神的马结合在一器之上，给人以神奇豪放的视觉感受同时，更映现出真正的汉民族古代工匠精神，属高古玉艺佳器孤品之一。"

"此对玉勺工艺精美，边缘润滑平坦，……勺柄较长，能够远伸，但薄而易折，使用时必须慎重，因此不应该是一般人所用的餐具，余唐突臆断，无非是汉时皇室祭祀时使用的玉制宝物，或皇帝宠妃的器皿之一了？"

归藏笔者后，摩挲赏玩之馀，私意想着接续师友的疑问，再探一个究竟。查找相关资料，梳理器型、汉时用玉等蛛丝马迹，还是不得要领。半年后，偶然读到一则青铜器铭文，"唯正月甲申，荣格，王休赐厥臣父荣瓒、裸贝百朋。对扬天子休，用作宝尊彝。"（铭于西周荣簋，现藏北京故宫博物院）大意是：因为王赏赐一柄瓒（玉勺），以及一百串用于祭祀的贝，于是造此簋铭记。再找来《大师说器——杜迺松说青铜器与铭文》[12]，其中关于"瓒（玉勺）"的一番考证之后，杜先生推断："以文献记载分析'圭瓒'的性质与用途，是用其酌酒灌地降神，《礼记·郊特性》郑玄注：'灌谓以圭瓒酌鬯始献神也。'"至此，已初步可知，本藏之马头玉勺，远古称为瓒，为祭神礼器。

这就可以解释，远在汉代，如此贵重的材质，雕成如此颀长且费料而不求实用的原因。同时想到，既然为礼器，应该还有规制上的要求，汉时，一尺约合当今 21.35 至 23.75 厘米左右，经测量，这对马首玉瓒长度，亦与汉代一尺基本相符。

可是，新的疑问又来了，作为礼器的这对玉瓒，用它祭祀哪方神尊？为何以马首作为装饰？又一日，想到我邦古已有之的神话传说、传统宗教礼俗，这其中，说不定能找到一些线索。

查《山海经·杻阳山》中，有关于"马"的传说："又东三百七十里，曰杻阳之山，……有兽焉，其状如马而白首，其文（纹）如虎而赤尾，其音如谣，其名曰鹿蜀，佩之宜子孙。"所谓的"佩之宜子孙"，就是说穿戴其皮毛，就能多子多孙。但是，此说与为什么用马首作为瓒的装饰，隔得还是太远。

詹鄞鑫先生关于这方面的著述[13]，只是简略提道："先蚕，《后汉书·礼仪志上》记每年四月皇后率公卿诸侯夫人'祠先蚕，礼以少牢'。注：'今蚕神曰菀窳妇人、寓氏公主，凡二神。'黄省曾《蚕

[12]《大师说器——杜迺松说青铜器与铭文》，杜迺松著，上海辞书出版社，2012年，96页。

[13]《神灵与祭祀——中国传统宗教综论》，詹鄞鑫著，江苏古籍出版社，1992年，141页。

经》云：'菀窳妇人，先蚕也。蜀有蚕女马头娘，历代所祭不同。'"

詹先生文中提到的蚕女马头娘，经询问相熟的四川广元朋友，竟然意外得到线索。就在四川广元的皇泽寺，至今还藏有一组蚕桑图碑，系清道光七年（1827）所立。图碑的首幅刻绘白马一匹，嫘祖（蚕神）倚马小憩，身旁桑树有蚕虫垂丝而下，欲触嫘祖头顶。这位朋友还告诉我，其家乡一带传说的嫘祖蚕神，还另有一个版本，称蚕神是一位马首人身的少女。相传，远古一部落首领，被另一部落绑架，其女嫘祖救父心切，当众声言：谁能救回其父，就将嫁与他，以作报答。谁知一众人群中竟无应答者；没有想到，家中的一匹白马，听言后挣脱缰绳飞奔而去，至傍晚，驮救回其父；归后，白马嘶鸣不歇，不肯饮食。嫘父问出究竟，怒杀白马，剥皮晒于庭中，恰巧嫘女自此经过，岂料风起，马皮卷裹嫘女乘风而去，落至桑树之上，化而成蚕，后世奉之为蚕桑之神，云云。如果将此传说再联系到本藏的马首、"蚕茧形勺舀"、器身的棕红沁色，是否汉时祭祀先蚕神灵，使用的"玉帛制度"，捆扎其上的织物颜料所导致？

遂再去翻查古代祭祀礼仪资料。彭林先生《文物精品与文化中国》中，有《河姆渡蚕纹杖饰与先秦服饰文化》一讲："周代以农桑为天下之本。每年冬至，周天子要到南郊祭天祈年，王后则在中春二月到北郊举行'亲桑'和'亲缲'的礼仪，为万民树立表率，各级贵妇都要参与其礼"；曹建墩先生关于传统宗教祭祀礼俗，记述则较为详尽[14]，却找不到马头娘相关记载踪迹。但有一段文字，约略能够看出，后世封建王朝仍然注重祭祀先蚕的遗绪："明清两

---

[14]《中国的祭礼》，曹建墩著，南京大学出版社，2014年，134—138页。

代都曾举行先蚕礼。乾隆七年（1742年）七月，朝廷在北海东北郊建了一座先蚕坛，今保留在北京北海公园内。……"

几千年的时代变迁，礼俗也在不断演变。民间就有"十里不同俗"之说，古人所祭的先蚕神可能不止一个，况且马头娘之祭祀，极有可能为一时一地之风俗。笔者能做的，也只有到此为止。

再来看看这一组（见 [ 图十六 ] ）汉龙首玉匙。系所拜另一师友热心帮笔者搜来。其匙通高 7.8 厘米，匙口宽 2.4 厘米，虽较马首匙小得太多，但相同的是，都有着与匙首比例不相协调、大过很多的蚕茧形勺舀，此"勺"显然不便实用或佩戴。如果也是先蚕礼器，为什么不是马首却为龙首？它又是什么根据？

又是一番周折。自《宋史》卷九八《礼志一》查出一条线索："元丰六年，详定礼文所言，本朝昊天上帝、皇地、太祖各设三牲，非尚质贵诚之义……。又簠、簋、尊、豆皆非陶器，及用龙勺。请改为陶，以樿为勺。"这则史料说明，皇家祭祀用龙首勺，至迟北宋神宗朝还在使用；明代也有以官窑瓷器替代金银玉等祭祀器的记载；再有，据网上资料（并附有图片），龙首玉勺曾有发掘出土，二十世纪七十年代，系河南洛阳机车工厂东汉墓所出，青白玉质，通高 8 厘米，宽 5.5 厘米，龙首有黑沁云云；湖南省博物馆，也有汉代龙首玉匙展示，可证龙首匙（瓒）类器物并非孤例。

一路爬梳资料下来，要问这两组"玉勺"的前世，能确证为祭祀先蚕之瓒吗？在下答曰：不敢。那是考古专家、专业学者们的事。

笔者只能说，勺、匙在生活里日常、普通，可在漫长的中国封建社会，作为祭祀礼器，曾经很不普通；作为古人文房案头器用，不可或缺，也不普通。

当然，俗世的日常与祭祀、书斋耕读状态迥然；专业与业馀，不能混为一谈。在我，只是更多了一些敬畏。

附注: 此文初刊于《东方文物》( 季刊 )杂志，二〇一九年第一期。

# 文房怀雅数竹刻

戊戌初夏，去了日本的几个城市，参加几场拍卖会。感触良多，又很难描述自己的心路历程。同行的朋友也几次慨叹："中国的东西真多！"

是啊，作为近邻，中日两国上千年的交往、交流，文化深度交融，加之彼邦清末的趁火打劫，二十世纪初，甚至起了吞并的歹意。十四年的战火，生灵涂炭、侵略者疯狂抢掠，"东西"一定是多；再者，近世我邦造假之风，"埋雷子"早已"东风西渐"，美国、欧洲国家的店铺里，你会常常遇见我中华"国宝""重器"。去年（2017），刚刚旅游免签的摩洛哥王国，在小城菲斯"巴札"的小铺里，笔者就见识过几件"大清乾隆年制"瓷器。

还是说回日本，二十世纪七十年代，"亚洲四小龙"崛起，中国台湾、中国香港、新加坡等有识之士，纷纷奔赴日本"淘宝"；进入新世纪，中国大陆"有心人"也大批加入这支队伍。时至今日，四十年过去，几乎是将日本翻了个底朝天，除了日本博物馆里的（据闻有私营博物馆为维持运转费用，也开始出售藏品），"东西"仍在在触目。"老的？真的？"借用孔乙己名言："多乎哉？不多也。"关键是，甭想着"捡漏"，更别想捡的"漏"就是国宝。

此次东瀛之行，可谓鞍马劳顿。在其中一次"小拍"上，发现五只竹刻茶船（盏托）[ 图一 ]，跟一堆日本"茶道"器物混在一起，看拍品编号顺序，估计要临近傍晚才能轮上。"东西"虽不是什么重器，器形却属稀见，且一组没有失群。一众师友见我执着，无奈，只好在此起彼伏拍卖声里陪着，最终，以微值得偿所愿。

晚餐时，看我爱不释手，一朋友不解，问何以对看似糟朽之物"钟情"？如实告之："这是中国的东西，清代晚期嘉定竹刻茶船，放茶盏、茶杯的，日本人用作茶道器具，在中国，它属于文房器物，百十多年了。"再问："怎么就能够认定是中国的不是日本的？"其时，众友疲惫，吃饭要紧，只是简要答问。

师友们将信将疑、姑且听之的神情，至今仿佛昨日，挥之不去。遂有此篇，算作答卷奉上。

竹刻也称竹雕，较之史前竹编类制品，要晚近很多。考古发掘及传世品竹刻，最早为湖北江陵拍马山第十九号战国墓，出土了一件"三兽足竹卮"；一是长沙马王堆西汉墓出土，"髹漆龙纹竹勺"；还有一件，现藏日本奈良正仓院，唐代人物花鸟纹"尺八"竹乐器，后面这两件均为"留青"刻法。

到了元代，有陶宗仪者，最早载录"雕刻精绝"竹刻家："詹成者，宋高宗朝匠人，雕刻精妙无比。尝见所造鸟笼，四面花板，

图一：清晚期竹刻茶船（盏托），长 10.5 厘米、宽 6 厘米

83

皆于竹片上刻成宫室、人物、山水、花木、禽鸟，纤悉俱备。其细若缕，而且玲珑活动。求之二百馀年来，无复此一人矣。"[1]自此，至明代中期以前，传世竹刻器及史籍，少见有关竹人的记录。正德、嘉靖年间，江南古城嘉定人朱鹤（字子鸣，号松邻）等，以竹当纸，以刀为笔，将书、画、诗、印之"理"融入透雕、减地镂雕、高浮雕和圆雕等技法，施之于竹上，风雅绝俗，发散出浓郁文人气息，声名远播，继而成为皇家、士大夫、文人等历代追捧的雅玩清供；至今国内、国外博物馆都作为独具中国特色、稀有的艺术珍品宝藏展示。

再说回关于日本。汉代以降，尤其唐宋两朝，日本与中国文化深度交流，往来不断。2004 年，池田大作在和饶宗颐先生的对谈中，多次表达："中国与日本，已有千年以上的文化交流轨迹。在这些交流中，日本深受中国文化的恩惠，长期间保持着良好的关系。"谈到二十世纪的侵华战争，池田先生又说道："这场战争也对日本的文化大恩之国——中国的学术、艺术发展造成了巨大的破坏。""日本的文字和书道，都是得中国的恩惠而成立的，我们决不可忘记这文化的大恩。"[2]作为享有世界声誉的社会活动家、国际创价学会会长、日本公明党创始人，老先生说的是老实话。同时，也不可否认，日本是一个善于学习他国之文化，并融会贯通的国家。单从中国"拿去"的，涉及文化的方方面面，数不胜数。

那么，竹刻这一脉呢？还是引用日本学者，文博专家原田一敏著述："日本从平安时代（12 世纪）起，形成了将笔、砚、水注都

[1]《南村辍耕录》（元）陶宗仪撰，辽宁教育出版社，1980 年，61 页。
[2]《文化艺术之旅》，池田大作、饶宗颐、孙立川著，香港天地图书有限公司，2009 年 7 月，15、37、70 页。

放在砚箱中使用的定式，沿用至今。室町时代和江户时代没有像与其同期的中国明清时期那样，大量使用笔筒和臂搁。竹根雕和竹刻工艺也没有发展。""进入桃山时代，日本出现了深受饮茶文化影响的竹制品，主要是花插。""江户时代以后，产生了各种竹制编织器，常见的有独特的花篮。""有一些竹刻坠饰，称为'指根付'，但是和中国笔筒及臂搁的'留青''皮雕'技法不同。其特点是没有削去表皮，仅用线刻技法，显然是没有受到中国的影响。"[3]

上海博物馆金靖之先生，在《日本茶文化中的竹刻艺术》一文中指出："16世纪晚期日本的茶道已形成一定的模式，茶道名手千利休（1522-1591）不满足于已有的各种茶具，力求创新，将竹刻艺术运用到了日本的茶道用具之中。他亲自制作了茶勺、花瓶等竹制的茶道用具（笔者按，现陈列于日本东京国立博物馆、永青文库、阳明文库、名古屋德川美术馆等），这也是日本竹刻艺术的开端。""值得注意的是日本虽然长期吸收和融入中国文化，但往往是有选择的，只有那些他们能够接受的，并能为之所用的中国文化才会与日本的本土文化交相融合，产生新的日本文化与艺术。""我国的竹刻艺术始终未能被接受，更没有与日本的本土文化融合。""这些日本的竹制茶道用具虽然与我国的竹刻艺术在同一时期流行，却没有受到我国竹刻工艺的影响，这在日本艺术史上是不多见的。"[4]金靖之先生的该论文，还不无困惑地提出："明代以后作为文人清玩雅趣的一个部分，竹刻工艺有了极大的提高，成为文人情趣和雕刻艺术的结晶。17世纪我国明清时代的文人画传到了日本，在日本涌现

---

[3]《竹刻国际学术研讨会论文集》，上海博物馆编，上海书画出版社，2014年，189、194页；《日本的竹工艺》，原田一敏（东京艺术大学）。

[4]同上，202、203页。

出了一批崇尚中国文人理想生活的知识分子。在他们的感召下我国明清时代的文人画逐步融入日本，形成了以池大雅（1723-1776）与谢芜村（1716-1783）为代表的日本文人画。但是竹刻的笔筒、臂搁等当时流行的文房雅玩虽然传到了日本，被一部分日本的文人所把玩，却未被广泛接受，更没有融入日本艺术之中。……"

要解答这一疑问，我想，还是找日本的自己人。冈田武彦先生（1908-2004），是当代日本最负盛名的思想家之一，他的《简素——日本文化的根本》一书，能够给出一些答案："什么是日本文化的特色？一言以蔽之，即'简素'。日本人的世界观就是以简素的精神为基石的……这里说的简素，主要是就表现形式而言，而不是表示内在精神。故所谓简素，就是表现受到抑制。由于抑制而追求简素，原有的内面精神则变得愈加丰富、充实以至深化，这就是简素的精神，这就是日本文化和日本人的基本世界观和审美观。"[5]正如此书译者钱明先生所领悟的："他对日本文化的自我进行了深入探究，提出了'简素'和'崇物'两个带有根本性的哲学范畴。""在冈田先生这里，简素不是精神内容上的，而是表现技艺上的，即表现形式上的不外露精华，尽可能地抑制。以简素为基础的哲学精神，不追求主知的思辨，而崇尚主行的体认。"[6]

抄书至此，似乎可以说清楚，那五只茶船（盏托），只能来自中国。但是，还是觉得意犹未尽，想就本藏茶船（盏托）的器型再说几句：

茶船的造型，在我国也是源流有自，起源甚早。[图二]此图为一只五代青瓷盏托（也有学者称为笔舔），对比一下现俗称"茶船"

---

[5]《简素——日本文化的根本》,冈田武彦著,钱明译,社会科学文献出版社,2016年9月,002、003页。
[6] 同上,008页。

図二：五代青瓷荷叶型盖托，长 12.4 厘米、宽 8 厘米

的五只竹刻盏托，器型无疑仿似荷叶。宋人程大昌《演繁露》（《学津讨原》本）卷十五《托子》条："台琖亦始于盏托，托始于唐，前世无有也。"宿白先生名著《白沙宋墓》，实为考古发掘报告，其注释部分，视野之阔，文献考据与实物互证之实，问世六十年，仍被誉为经典。其中关于盏托，先生结合宋墓出土文物注释道："崔宁女故事《资暇录》卷下《茶托子》条记在唐建中（公元 780-783）崔宁为蜀相时，是托子起源当在建中之后。又此墓所雕托子缘作荷叶型，其制《资暇录》亦云始于唐，前引《茶托子》条注云：'贞元（公元 785-805）初，青郓油绘为荷叶形，以衬茶椀，别为一家之楪。'今人多云托子始此，非也……"[7]

  至于竹刻一脉，为什么自晚明的江南嘉定发轫，清代早中期走

[7]《宿白集·白沙宋墓》,宿白著,生活·读书·新知三联书店,2017 年 10 月,67 页。

87

上鼎盛，成为中华文化、工艺美术之独特一支？其机缘凑泊，值得深思和深究。粗粗想来，缘故有四：其一，关于晚明社会。十数年来成为中外学界研究热点，这一课题"诱人"的原因在于：晚明时代政治腐败不堪，而经济（可称之"商品经济"）、文化与社会生活等繁荣、发展，甚至奢靡成风，朝野呈现"冰火两重天"景象。用过去的"阶级斗争"模式去套，难以解释周致。中国明史学会会长商传先生，在其《走进晚明》（自序）中的第一句话："如何评价晚明的这一段历史，一直是困扰我们的一个问题。"[8]道出了实情。

更早前，著名史学家傅衣凌先生，就关注到了这段历史的评价问题："我记得龚定庵（自珍）先生有几句很中肯的话，颇不为人所注意，他说'有明中叶嘉靖及万历之世，朝政不纲，而江左承平，斗米七钱，士大夫多暇日，以科名归养者，风气渊雅。俗士耳食，徒见明中叶气运不振，以为衰世无足留意。其实尔时优伶之见闻，商贾之习气，有后世士大夫所必攀跻者，不贤识其小者，明史氏之旁支也夫？'龚氏的卓见，在于如实地指出明末社会的变化，不是衰世，而是新时代的开端。"[9]傅先生所说的"开端"，应该是指中国封建传统社会，在晚明发生社会变迁，或曰"社会转型"，是为肇始。商传先生则从政治、经济、文化、社会生活诸方面，进一步论证了社会转型的种种表现，认为："待到明中叶以后江南手工业和商品经济市镇兴起，民间文化随之而繁兴，取官文化而代之，成为明文化的主体。"商先生《走进晚明》的第六章，干脆将晚明文化命名为"商品化的文化"，指出："明朝中叶以后的苏州，既

---

[8]《走进晚明》，"中国近世社会和政治研究丛书"，商传著，商务印书馆，2014年7月，1页。

[9]《明清社会经济变迁论》，傅衣凌著，中华书局2007年，201页。

是商品经济重镇，同时也是文化的重镇，是明朝最早开始商业与文化交融的地区。""不以仕途为出路，则必有其他的出路可行。明朝到正嘉的时代，所谓承平日久，士大夫社会生活的内容较之成弘时代更加丰富多彩。传统的耕读之外，市镇商业化的生活，也成为许多士子们生活的重要内容。""才子们社会地位的实现，是因为他们的诗文书画得到社会认可而成为文化商品。"[10]

是时，朝政黑暗，科举、仕途壅塞，江南无数士子绝意仕进，选择优游在野，艺文自给。而嘉定又地处吴中（苏州别称吴门），其时经济发达，商贾巨富阶层、市民阶层已然成形；加之人文荟萃——单就科举成就讲，仅以"进士及第"人数论，苏州府的进士数量遥居全国之首，同时，又吸引了一大批外来文士纷纷驻足，或游宦，或寓居；明代中叶，苏州画家沈周与其学生文徵明、唐寅等一众称誉画坛，成为"吴门画派"，近邻的松江府，以董其昌为代表的"松江画派"等等，雅士咸集、风流鼎盛，影响后世深远；万历至崇祯时期，嘉定四位著名的文人雅士，即唐时升、娄坚、李流芳、程嘉燧均能诗善文，精于诗画，李流芳、娄坚还善竹刻，有《嘉定四君子集》传世，明"后七子"之一，官居刑部尚书、文坛盟主的王世贞，也乐于为其作序，曰："吴自江左以来号文献渊薮，其人文秀异甲天下，然其俗好要结附丽以钓名。"实为当时社会、人文状况的点睛之笔。

嘉定竹刻创始者朱鹤，以及其子朱缨（字清甫，号小松）、其孙朱稚征（号三松），在如此浓厚的文化、艺术氛围中皆工诗、善画，精于篆刻，这是朱氏成为竹刻原创者、继承发展者的前提、根本。其二是竹的拟人化、人格化，加之儒家倡导，上千年来文人士大夫践

[10] 同 [8]，203、204、205 页。

行的"君子之道"，成为催生竹刻这门艺术的关键因素。早在先秦时期，竹就与"君子"相比拟，联系在一起，《诗·卫风·淇奥》：

> 瞻彼淇奥，绿竹猗猗。
> 有斐君子，如切如磋，
> 如琢如磨，赫其烜兮。

白居易《养竹记》说得更明白："竹似贤，何哉？竹本固，故以树德，君子见其本，则思善建不拔者；竹性直，直以立身，君子见其性，则思中立不倚者；竹心空，空以体道，君子见其心，则思应用虚受者；竹节贞，贞以立志，君子见其节，则思砥砺名行，夷险一致者。夫如是，故君子人多树之为庭实焉。"[11]以竹的"四大美德"比拟君子之道。

其三，文人画之浸润、启迪。一部中国文人画史，北宋的文同（字与可，号笑笑先生），以画竹著称于世，苏东坡将这位表兄引为知音，有数十首诗文为其"点赞"，以竹喻人，借竹言志，可称为开端。千年以来，咏竹、称擅画竹者，不知凡几，名作辈出。

古代的文人雅士以竹自况，心慕"梅兰竹菊"，千年以降，所谓"情怀"寄托者缕缕行行。这其中，还属王国维总结得透彻："竹之为物，草木中之有特操者与？群居而不倚，虚中而多节，可折而不可曲，凌寒暑而不渝其色。……其超世之致，与不可屈之节，与君子为近，是以君子取焉。……善画竹者亦然，彼独有见于其原，而直以其胸中潇洒之致，劲直之气，一寄之于画。……故古之工画竹者，亦高致直节之士为多，如宋之文与可、苏子瞻、元之吴仲圭是已。观爱

[11]《白氏长庆集》，上海古籍出版社，1994年。

90

竹者之胸，可以知画竹者之胸；知画竹者之胸，则爱画竹者之胸亦可知也已。"[12]

其四，嘉定朱氏非庸常之辈，通儒道，精书善画，与众多江南文士大儒交谊、交善，加之嘉定人家绿树翠竹环抱，竹为盛产、取之便利。于是，截竹为筒，将原为实用竹编，施以刻镂，提升为欣赏、寄意兼具实用的文房艺术品，其三代人肆力，传承、播散，众多雅士亦纷纷效仿，操刀摹刻，使之成为一项专门的艺术，且代有薪火，蔚然成风。从而，成就了中国雕刻史上特有的，人文奇葩的"这一枝"。

笔者经年寻觅竹刻文房，只两次得见明末朱氏风格笔筒，惜店家索值甚昂，只有失之交臂。此为题外之话。

由明入清，江山易主。满清入关的第二年（1645年），清军颁布"易服令""易发令"，俗称"留头不留发，留发不留头"。其时，中国最富庶江南地区"八府一州"民众奋起抵抗，遭到清军血洗；持续八十一天的"江阴保卫战"，"嘉定三屠""扬州十日"等惨案不胜枚举。史学界据史籍统计、推算，明末中国人口两亿左右，满清入关后，人口净减三分之二。1645年（顺治二年）六、七月间，嘉定遭清军三次屠城，死亡十万馀众。抗清义士侯峒曾族弟侯峂曾，亦为嘉定竹刻家，师承"三朱"风格，所刻之诗筒，于康熙九年（1670年）族兄罹难二十五年后的中秋，在先人旧庭园，被其后人奉上，作"明月诗会"传递诗稿之用。其时，著名的文人学者、社会名流等十四人与会，赋诗作词投入诗筒，吴梅村有《临江仙·嘉定，感怀侯子研德》一词，苍楚悲凉：

[12]《一个人的书房·此君轩记》，王国维著，中国华侨出版社，2016年，254页。

"苦竹编篱茅覆瓦，海田因久废重耕。相逢还说廿年兵。寒潮冲战骨，野火起空城。

门户凋残宾客在，凄凉诗酒侯生。西风又起不胜情。一篇《思旧赋》，故园与浮名。"

陆元辅一首五律，亦是痛切：

"城破荒园在，啼枝夜有乌。

血藏悲二父，玉碎痛诸孤。

乔木年年冷，桑田日日殊。

知君家国泪，暗洒向春芜。" [13]

这其中，可以窥见清初嘉定人的家国之痛，血泪在胸，难以释怀。

清初，侥幸活下来的嘉定竹人，心埋隐痛，多以遗民自命，不求"功名"，不与当局合作，雕竹自遣。"所幸侯崝曾、沈大生、沈兼、王永芳、周乃始等不以竹刻为本业的竹人，倾心竹刻而不必赖以谋生，由此保全延续了'三朱'一脉的正传。此时嘉定竹刻的创作主体仍然是在明末已成熟的竹人，延续着原来的雕刻手法和艺术风格。……因而新王朝的审美风气还未能在竹刻中得到体现。" [14]

明末、清初还有一个社会现象，就是民间、遗民纷纷结社："明社既屋，士之憔悴失职高蹈而能文者，相率结为诗社，以抒写其

---

[13] 二诗词摘录《黄裳作品系列〈榆下杂说·明月诗筒〉》，安徽教育出版社，2006年版，126、130页。

[14]《竹刻，刻竹》，上海博物馆编，北京大学出版社，2012年，008页《施远·嫏嬛绝艺独擅场——嘉定竹刻源流说略》。

旧国旧君之感，大江以南，无地无之。"[15] 其各类社团活动，正如杨氏之言，绝非诗词唱和那么风雅单纯，其实更有反清复明之期冀，但这些个人，终究仍是其自嘲的"百无一用"，书生一枚。谢国桢先生对这一群体，有较为贴切描述："明末遗民以无所用之身，毕生致力于所爱好的事业，常通过文学艺术，而旁及雕刻、刻印、刻竹、版画以及民间工艺各方面，用各种形式表现出艺术的天才。"[16] 岁月不居，时节如流。易代之际的长者，也渐渐凋零。当初遍布民间的各种社团，其政治张力也渐渐弱化。加之，满清笼络士子民心的各种政策实施，到了康熙中后期，社会经济趋于稳定，江南经济得以恢复和发展。嘉定文人竹刻，也一步一步登上竹刻艺术的高峰，并带动乡邑"争相技摹，资给衣馔"，形成独具地方特色的文化产业，尤其是得到康雍乾三代皇家青睐、文人雅士追捧、巨贾之激赏。

乾嘉之际，嘉定人金元钰作《竹人录》，所记竹刻家七十馀人，"用以备吾一邑之绝艺"。[17] 可见竹刻影响之巨，风气之盛。

笔者心仪竹刻多年，搜聚、私珍赏玩，今不揣浅陋，择其一二，以所藏为芹献，亦就教于师友、同好诸君。

[15]《秋室集》卷一《书南山草堂遗集后》，（清）杨凤苞著。

[16]《明末清初的学风》，谢国桢著，人民出版社，1982年。

[17]《竹人录·竹人续录》，金元钰、褚德彝撰，张素霞点校，浙江美术出版社，2011年。

图三：明末竹根雕斗笠盏，高 3.7 厘米、径 11.1 厘米

[图三] 此盏器型仿宋代茶盏，用竹根旋剜成型，不求规整仿真，只为写意，以竹根自然之纹理，表现建盏的"兔毫"及斑纹。包浆枣红深透、皮壳莹润，可见明末士子之雅兴。

图四：清早期竹根雕高士雅集图笔筒，高 12.3 厘米、上径 13.7 厘米、底径 10.8 厘米

[图四]笔筒以竹的近地面及根之一部分雕刻而成：危岩松荫下，四高士聚神对弈、观战，一童子趋近奉茶；笔筒的另一面，亦有三位高士分别或兀座、或凝思、或埋首披阅，还有三人煮水烹茶。此笔筒采用高浮雕、深雕、镂雕等技法，人物近于圆雕，发型头饰高古，神态各异；山岩多用披麻皴法，间用劈斧皴，包浆凝厚，整体为清早期风格，画面场景、人物姿态寓意深致。拙文《白菜笔筒探赜》亦浅述"遗民心态"，有以秋菘清白自喻、立身之寓意。

图五：清早期渔樵耕读图笔筒，高 14.3 厘米、径 12.4 厘米

[图五]为渔樵耕读图，高浮雕刻法。分别为五组画面，九位人物及水牛一头。人物眉眼神态清晰生动，苍松雕刻为清早期典型刀法，整体打磨精到；寄寓渴望安稳、祥和之社会生活。此笔筒包浆灿然，为古时最为推崇的琥珀黄，颇为难得。

图六：清早期狩猎图笔筒，高 16.2 厘米、径 11 厘米

[图六] 为清早期康熙朝最喜表现的题材。其时天下未定，江山未稳，满清八旗未卸征鞍。"刀马人"、骑马射箭、狩猎等画片于瓷器等器物上习见。笔筒上雕有五位人物，马三匹，猎犬、猎鹰各一只。陡峻山林中，驰马张弓骑射，人物神态紧张专注，动感十足，其构图饱满，充满张力。山石多用劈斧皴，包浆厚重。

[图七] 到了乾隆一朝，后人称为的"康乾盛世"，这一局面基础，实为其爷爷康熙先后平定三藩，东北反击沙俄，西北平叛，国内治河安邦，肃清吏治；其父雍正，创设军机处，摊丁入亩、开放洋禁，解放贱民等富国裕民举措奠定的，满清社会进入了"盛世"、承平时代。

96

图七：清中期百子嬉戏图笔筒，高 18.7 厘米、径 17.6 厘米

　　此笔筒当为清乾隆早期作品，尺寸硕大，应为浙东深山之毛竹所制，包浆呈枣红色。笔筒满雕童子嬉戏，俗称"百子图"。当年在一相熟古玩店"朋友老板"处见到，时隔一年仍在，价谐收进。其时玉器"籽料"火爆，宋明古玉雕童子者，南北冷落，说是"犯小人"！笔者敢冒时风之"大不韪"，实在因为其雕工精湛所折服。一好友抱此笔筒，数"小人"数次，惊呼："真是一百个！"画面表现山边、梧桐蕉叶竹林下，童子嬉戏，画面分为六组，分别为练武习拳、斗蟋蟀、捉迷藏、攻读、捕鱼、扑蝶，刀工细致，百名童子神情毕现，场面布局繁而有序，其工繁难，非"盛世"不办。此笔筒寄寓国泰民安、多子多福美好之憧憬，其竹刻人物之众，至今未见其二。

97

图八：清中期八仙图笔筒，高 15.5 厘米、径 13 厘米

[图八] 此笔筒为家喻户晓的"八仙"道教题材。道教为中国本土多神崇拜宗教，千馀年来，深深影响了中华文化各个方面，"八仙"即为众多各路神仙之一。清中期社会经济发展处于顶峰，社会生活诸方面得以较大改善、提高。

"八仙"对俗世百姓意味着什么？按照清代"有图必有意，有意必吉祥"的定式，八仙分别代表男、女、老、少、富、贵、贫、贱，寓意凡人俗众诚心信奉，皆可得道成仙。此笔筒工艺为略微铲去竹皮，陷地深雕，松枝为半镂空雕，人物神情祥和，优哉游哉于山林松下：对弈、逗鸟戏鹿、驾鹤鼓笛，其技艺精湛不俗，包浆老熟可人。

图九：清中期文竹（贴簧）楳叩（梅邻）款倭角笔筒，高 12.5 厘米，径 9.5 厘米

[图九] 乾隆中晚期至嘉庆朝，一般称为清中期。此际，三代皇帝推崇，民间追捧，竹刻工艺发展达到巅峰，工艺也有发展创新。贴簧（清宫雅称"文竹"），又称竹簧、翻簧之工艺，一说浙江、一说湖南传至嘉定。贴簧属两度加工工艺：将毛竹中空内壁二三毫米之"簧"取下，经高温煮、压成平面状，再胶合于木胎之上，由竹刻家施以线刻、浮雕、镶嵌或火烙山水、人物图案、文字等，器物颜色类黄杨木、年久之象牙，其图文多浅刻、线描，富有笔墨情趣，备受当世青睐。

故宫博物院收藏有很多此类文房物品，大至文具箱、匣，小到水丞、墨床、笔架等，惜大多无款。本藏笔筒为"楳叩制"款，店家或因不识，故估值不高。"楳叩"为梅邻异体字，梅邻王姓，名恒，

99

字仲文，又字茂林，号梅邻、筠谷，《竹人录》称其"工刻小楷"。此笔筒所镌文字可为实证。从故宫、上海博物馆所藏的几件王梅邻作品看，其精通笔筒雕刻的"十八般武艺"，可谓功力非凡。

此笔筒四面浅刻童子嬉戏，寓意福禄喜庆，四倭角凹处镌刻："学养功成志君国，晦居守分待风云。"字体仿拟文徵明笔意楹联[按，文徵明（1470—1559）明"四家之一"。]"乐意相关禽对语，看花嫌远自移床。"字体亦仿拟玉輅（字赐山，满洲正白旗人，嘉庆五年举人，与成亲王永瑆交善，书宗欧赵，清润雅秀。）笔意楹联语。尤其值得注意的是，作为嘉定人，王梅邻选择文徵明此楹联语，大有不忘前朝深意在焉。竹簧为当朝最新的"时兴"工艺，文博界有研究认为，其工艺兴盛于道光之际，此"梅邻制"款笔筒，将此说提前至嘉庆年间，此物可以为证。

图十：清早期竹根圆雕刘海戏金蟾，高10厘米、底径7.7厘米

[图十] 此为竹刻器中圆雕习见题材，刘海与金蟾之典故，国人耳熟能详。竹根圆雕为嘉定竹器一大门类，称为"象生"器，明末清初即称誉于世，至晚清衰微。

其工艺繁难，要在三维空间仿真，布局造型、比例、神情等把握，非高手不办。称为大家的有朱松邻、侯崤曾、封锡爵、锡禄、锡璋一门、施天章及晚清蔡时敏、张宏裕等。此件作品无款，近于清早期施天章风格，寓意"财源不断""喜乐发财"。

图十一：清早期（康熙）宗玉款竹根雕静思（大力）罗汉摆件，高6厘米、底径11.1厘米

101

[图十一] 此为清早期康熙朝竹根雕"山子"摆件，署"宗玉"款。《竹人录》有载："顾珏，珏字宗玉，居城南。朱、沈相承，平淡天真，纯以韵胜。珏则刻露精深，细入毫发，一器必经二三载而成，是又不袭前人窠臼，而能独立门庭者。……按：宗玉所制竹根秘戏图，眉目形体如生，床帏几席有刻竹镂楮之巧，好事者什袭藏之，惜非雅制。"[18] 小传说得明白，顾珏为清早期竹刻名家中独树一帜者，所开创的"工细入微派"，为嘉定竹刻开辟一方新天地、新的美学表达方式，影响至远。

现藏故宫博物院的"迎驾图"笔筒、美国西雅图美术博物馆高浮雕"山水人物图"笔筒、香港大学美术博物馆"关山待雁图"笔筒、宁波市天一阁博物馆"行猎图"笔筒，较为全面体现和展示了顾珏刻竹艺术的过人精绝。与顾珏同时代的嘉定文人陆廷灿评价："至顾姓所刻笔筒，动经数月，需费至数十金，玲珑太过，又极纤细。"可见当时其作品就颇受追捧。

顾宗玉遗世竹雕作品也颇为珍罕。2005 年香港佳士得春拍，其笔筒拍出一千一百多万港币，至今为竹雕类文房最高纪录，无人打破。顾氏作品在本世纪竹刻拍卖成交"二十大排行榜"中，独占据三席，成为最具"身价"的清代竹刻大师。

本藏为竹根雕摆件，巉岩之中，静思（大力）罗汉右手托钵，左手抚膝兀坐，左侧置三足鼎式香炉。整个人物高不过五厘米，其头部大小若绿豆，又在仅三分之一面上，雕出五官，眉目却写实入微、栩栩如生；罗汉形象似古犍陀罗造像，目光深邃，入定凝思，口唇抿闭，嘴角微向下，透出刚毅。尤其是半裸之右半身，胸肌、锁骨、

[18] 同上 ,27、28 页。

臂膀肌肉等人体比例，宛如解剖般精准，暗喻原为大力武士成佛之前世。

笔者闲暇与之面对，却每每不敢直视其眼神；岩石右方边下角，镌有隶书"宗玉"二字；其款识与故宫藏品相同，"玉"字下部镌成两点玉，款识刻口包浆与器身一致，整器皮壳浑厚呈枣红。细细参详，只能叹为鬼工、神工。

舍下还藏有无款顾宗玉风格的竹根雕，可称"船家秘戏图"（船身长 10 厘米，高 4.3 厘米。），为江南习见"乌篷船"，船首雕有男女二人，借用《竹人录》其小传评价："珏则刻露精深，细入毫发……所制竹根秘戏图，眉目形体如生……"颇为罕见的是，船首男士留有典型清代长辫，发丝缕缕可见、女士耳环亦刻镂细微真切，教人无语。

图十二：清中期竹根圆雕观音，高 12.3 厘米、底径 10.5 厘米

103

[图十二]"观音"形象在中国深入人心，为世人深爱，经千年演绎，形成"观音文化"。此观音散坐、左手执净瓶，头部微微上仰，神态慈祥，开脸微呈男相，衣纹刀法爽利，打磨取舍精到。此为古玩店主马跃华老弟执意相赠，转眼多年。"阿弥陀佛"……

图十三：清中期竹根圆雕钟馗醉酒，高 16.2 厘米、底径 11.3 厘米

[图十三]圆雕人物神情最难拿捏。钟馗长相丑陋，凶神恶煞，刻者要想讨巧，所谓"画鬼容易"雕成鬼捉鬼可也。此雕钟馗表现出的却是"醉酒"；除了酒壶倒了而不自知，可为醉之注脚，从其面部神态尤其是嘴唇的刻画，您看看，此公喝大了没有？

图十四：清中期竹根雕仿青铜九螭龙爵杯，高12.3厘米、上径11.5厘米、底径4.8厘米

[图十四] 乾隆帝一生痴迷各类收藏，随时赋诗、到处落款，也可谓"千古一人"。关于竹根圆雕，这位爷突发奇想，以商周青铜器等礼器为蓝本，糅入皇家审美意趣，命竹刻匠人雕镂一批各类器型规整，又不乏鬼工新意的"玩意儿"入宫，至今故宫博物院宝藏甚多。此器类之。

105

图十五：清中期竹根雕四兽足八方鼎式香熏炉，高 11.2 厘米、直径 15 厘米

　　[图十五] 鼎为礼器，香熏则为文房。此香熏以四足双耳鼎式为造型，以竹根精雕细镂而成。早年似涂清漆以罩护，故氧化、包浆不够充分。教人匪夷所思的是，竹之自然形态为圆型，此熏则为转角八个面方；浅浮雕"暗八仙"图案，风格为清中期典型样式。古代的瓷器制作，有"一方抵十圆"之说，如此想来，此竹根直径原来该有多么硕大。

图十六：清中期竹根雕童子嬉蜗牛笔架，高 4.8 厘米、径 9.7 厘米

[图十六] 此竹雕笔架器型罕见，刻工打磨、人物的造型时代特征明显。童子（或小沙弥）神态诙谐可人，翘臀伏卧地面，嬉戏逗弄一只蜗牛。像是提醒士子文人，青灯黄卷、苦读笔耕之时，暂时搁笔：也该歇歇啦！找一找山林、田园虫鱼之乐。

图十七：清中期竹根雕松段枝叶纹水丞，高 3.2 厘米、径 8.1 厘米

[图十七] 截取竹根矮段而作水丞，不为实用，纯做案头清供或掌中把玩。雕刻松枝干叶，寓意傲然挺立、高洁常青。

107

图十八：清晚期竹根雕荷蟹（和谐）笔洗，高 3 厘米、径 11.1 厘米

[图十八] 此物得于山西大同探友之行的地摊上。骄阳之下，同行者张解立同砚见证，得之欣喜。荷叶之两侧对雕"禾""蟹"，寓意清廉（莲）、和谐美满，早获"功名"。

图十九：清晚期徐郙款镶竹皮雕砚，长 21.5 厘米、宽 14.5 厘米、高 4.3 厘米

[图十九] 此竹砚体量硕大，纯为摆设赏玩件，不为实用；系小友陆洪汉帮助联络，得之于成都。砚的主人值得一说，因系大大的名人，时称"徐相国"。

徐郙（1836—1907），字颂阁，嘉定人，清同治元年（1862 年）状元。光绪朝深受慈禧老佛爷器重，官至吏部尚书、协办大学士兼管国子监事务，南书房行走，为当朝大员。"这是一位艺术型状元。其政事无可称道，但工书善画，多才多艺。为人懒散，不拘小节，七十馀岁时，尚微服出入阁楼妓院，且多次索取贿赂，为时人所讥。"[19] 以一品高官之身份，故去后却无"谥号"，可证时评。徐郙写得一手好字，深受慈禧赏识，太后"御笔画作"上，每每让徐状元题诗留名。

该竹砚背面浅刻徐相国临米芾《蜀素帖·拟古》帖，确是功力非凡，亦可见刻工之了得。此砚工艺也值得一说，不用晚清时髦的"贴簧"，而将竹皮正面，经煮、压平整胶合于木胎之上，精心摹刻，工艺较为罕见。徐氏为竹刻兴盛著名的嘉定人，其故里有人请聘名师操刀，将状元字迹镌刻于竹砚之上，尔后进京"雅贿"？未可知也。

图二十：清晚期子和款竹刻臂搁，长 23.8 厘米、宽 6 厘米

[19]《清代状元奇谈·清代状元谱》，周腊生著，紫禁城出版社，1994 年，351 页。

[图二十] 道光以降，鸦片战争之后，外侮内乱，国力大伤，满清王朝进入晚期。嘉定竹刻也渐趋衰微，多为匠人谋生之器；工艺退化，多以浅刻为主。但仍有一批文人雅士乐于此道，追求"笔墨趣味"。臂搁为文房雅物，适于奏刀展露才情，大多相互赠予，联络感情。

本藏臂搁款识"潞莘前辈大人雅正，戊申孟秋于京师；子和"方形篆印款。经多方查考得知，潞莘（别号）先生——黎湛枝（1870—1928年），广东南海人，字露苑，号璐庵等，为光绪二十九年传胪（殿试二甲第一名），宣统元年（1909）赏加侍讲太子少保，民国元年（1912年）赐礼部尚书一品衔，为溥仪帝师。"戊申年"为1908年，黎氏还未坐上一品高位；此际，大清王朝风雨飘摇，已经走向末路，不知这位赠刻者"子和"先生，攀附上黎大人否也么哥？

附注: 此文初刊于《东方文物》(季刊)杂志，二〇一八年第三期。

110

# "找回"诗筒

晚明、清代以降，笔筒自创式之始，即为文房器用收藏的热门，而竹、木笔筒最为称雅。彼时，文人士大夫乃至江南巨贾豪门，竞相购藏，以为雅奢；及至清初，康雍乾三帝，更堪称"粉丝""发烧友"，下诏延揽嘉定刻竹名匠，入值皇家造办处，助推竹刻一脉"火"遍宇内。其艺或工，穷乎神技，登峰及巅，五百年后，馀脉未绝。

笔者入藏竹木笔筒几十数，其中有规格尺寸明显偏小，仅堪掌中把玩，或只能置放当下的圆珠笔（见图一、图二）。

图一：清代华斋散人款竹刻东方朔偷桃图诗筒，高 11.1 厘米，径 5.9 厘米

图二：清早期黄杨木雕松鹤图诗筒，高 12 厘米，径 6 厘米

图三、四：清代乾嘉之际胡长龄款竹刻诗筒，高 13.5 厘米，口径 4.5
厘米

两年前入藏的这一枚，更为袖珍、夸张（见图三、四），竹筒
矮三足，高 13.5 厘米，口径仅为 4.5 厘米，包浆润厚老熟，镌刻刀
口深竣，呈枣皮红色，小巧而挺秀，古玩店家称为"小笔筒"。一
眼看过去，放入一支毛笔，即有倾倒之虞，与常识不相符合；联想

113

舍下庋藏的同类们，疑窦丛生；再想到国内知名博物馆，大多也藏有此类"迷你"型"小笔筒"，遂查阅权威图书、图录，解惑求证，仅抄几例：《中国美术分类全集·中国竹木牙角器全集（1）竹刻器》图二二、二九[1]，分别标名"明末清初，竹雕刘海戏金蟾笔筒，高11厘米，口径4.9厘米""清，竹雕留青山水楼阁笔筒，高10.3厘米，口径5.9厘米"；故宫藏品："竹雕溪山行旅图笔筒，清早期，'石鹿山人李希乔制'款，高11厘米，口径5.2厘米""清中期，黄杨木雕知音图笔筒，高10.7厘米，口径5.7厘米"[2]；还有，苏州博物馆"朱三松竹刻桐荫玩月笔筒，款镌'丙午秋月，三松'"高10.4厘米，口径5.1厘米"[3]，得到的结论，三家众口一词，均标名为笔筒……真是教人丧气。是耶？！非耶？！

不敢轻信"官办（扮）"权威，再去翻书。扬之水有《笔筒、诗筒与香筒》一文，言之凿凿："作为插笔之用的笔筒，蔚成风气在明清，它似与竹刻的发达密切相关，虽然兴盛之后便有了各种质料的作品，竹刻独领风骚之外，又有木雕、牙雕、漆雕、瓷器，等等。如果探寻其源，那么竹笔筒的前身可以说是诗筒。"扬先生博引旁征："诗筒故事初见于白居易《醉封诗筒寄微之》及《秋寄微之十二韵》。"（按：微之，元稹字。）由白居易与元稹"每以筒竹盛诗来往"唱和，开创中唐新乐府诗运动一段佳话，及至宋代林和靖、宋石介，"直到明代中叶竹刻竟成为一项专门艺术，方始遥承唐宋遗韵。高濂《遵生八笺》卷八《起居安乐笺·下》列举出游携带的各式雅具，其中有'诗筒葵笺'。"再到《红楼梦》二十二回

[1] 文物出版社，2009年，19、25页。

[2] 《故宫经典：故宫竹木牙角图典》，故宫出版社，2010年，33、137页。

[3] 《文房雅玩》，苏州博物馆编著，文物出版社，2011年，38页。

中出现的诗筒，等等，引征甚详。"关于竹诗筒的制作，王世襄《竹刻小言》引褚松窗《竹刻脞语》云：'截竹为筒，圆径一寸或七八分，高三寸馀，置之案头或花下，分题斋中咏物零星诗稿，置之是中，谓之诗筒，明末清初最多'"。[4]

其实，还要稍稍补充扬先生博征，"诗筒"这一称谓还有前身、前世，系由"书筒"演化、"诗化"而来。早于白居易半个多世纪的李白，《酬宇文少府见赠桃竹书筒》诗云："桃竹书筒绮绣文，良工巧妙称绝群。灵心圆映三月江，彩质叠成五彩云。中藏宝诀峨眉去，千里提携长忆君。"诗中虽谓曰"书筒"，可是，相信浪漫如诗仙，不单单用于纳书，亦纳胸中随时涌出的诗情、随手挥就的诗稿；再有，稍晚于李白的钱起，《裴侍郎湘川回以青竹筒相遗因而赠之》："楚竹青玉润，从来湘水阴。缄书取节直，君子知虚心。入用随宪筒，积文不受金。体将丹凤直，色映秋霜深。宁肯假伶伦，谬为龙凤吟。……"[5] 此中的"青竹筒"，直可"诗筒"之谓也。

回到明末清初，竹刻的发源地。《嘉定竹刻》载："诗筒——文人雅集的产物。……诗筒以竹刻成，是当时嘉定竹刻中的重要品种。诗筒有两种，一种形似香熏，一般高三四寸，径二寸许，置放于外书房案头或花下，将书斋中咏物零星诗稿放入筒中，长期保存；另一种形似笔筒而稍小，高三四寸，径三寸许，专用于文人雅集。诗筒以嘉定所产的护居竹制成，……明清竹人中，侯崤曾、王梅邻为刻诗筒高手。"[6] 已故文学家、古籍收藏家黄裳先生，藏有海内

[4]《宋代花瓶》，扬之水著，人民美术出版社，2014 年，74—77 页。
[5] 详见全唐诗库第 178 卷。
[6]《嘉定竹刻》，燕小明主编，上海文化出版社，2010 年，100 页。

孤本《明月诗筒》一卷 [7]，康熙年间侯崤曾后人刊刻，载录康熙九年（1670年）中秋之际，侯氏后人举办诗会，邀请著名学者、名流十四馀人，于故宅苣园"明月堂"举办"明月诗会"，诗会上使用的诗筒，即为侯崤曾之手泽。"侯崤曾所刻的诗筒目前尚未发现，但清代乾隆时期，刻诗筒依然较为普遍，王梅邻就是一位佼佼者。王梅邻所刻的'翠筠逸兴诗筒'，是一件地道的诗筒，现收藏于嘉定竹刻博物馆。" [8]

　　除了竹、木制诗筒，作为陶瓷创制母国，独领风骚两千多年的陶瓷之国，瓷制诗筒，在晚明也已出现，二〇〇五年，《十七世纪景德镇瓷器国际学术研讨会侧记》[9]会议期间，就出现了一个当时疑惑、现在看来有解的"问题"："例如，张浦生先生（按：著名青花瓷研究学者，已故）告诉朱汤生（按：朱利安·汤普森，香港苏富比拍卖公司创建者，苏富比亚洲区主席，已故），比例较为细长的小型'笔筒'应该是'香筒'。马来西亚的庄良有女士进一步解释说，在庙里进香时，买了香后用香筒盛着去香炉那儿烧。朱汤生敏锐地质疑道，那么这些小型细长'笔筒'上常有的同文人书斋有关的款识和纹饰，明显同进香无关，又怎么解释呢？"

　　如上所述，竹木笔筒、诗筒乃至其他材质诗筒，虽然历经劫难，世间还是留下了遗存，而其中有许多，就静静立在博物馆展柜里，惜官藏、私藏不察，将此风雅之物"冒名"笔筒，"相见不相识"，被我辈给弄"丢"了。

---

[7]《榆下杂说》，黄裳著，上海古籍出版社，1997年，112页。

[8] 同注 [6]，103页。

[9]《看图说瓷》，倪亦斌著，中华书局，2008年，145页（引文的"研讨会"，召开于上海博物馆，2005年11月）。

再回到这枚诗筒。上镌北宋米芾《苕溪诗》一首，并附刻者跋："松竹留因夏，溪山去为秋。久赓白雪咏，更度采菱讴。缕玉鲈堆案，团金橘满洲。水宫无限景，载与谢公游。——香光喜临米海岳此诗帖，坟自运时亦多止之。阮元大人大雅教正，胡长龄。"并镌方章篆书款，印文：印渚（按：标点为笔者所加）。

诗筒是胡长龄赠予阮元的。胡长龄（1758—1814 年）字西庚，号印渚，江南通州（今江苏南通市）人。乾隆五十四年（1789 年）己酉科状元，授翰林院修撰，侍讲学士，乾隆六十年（1795 年）任国子监祭酒，嘉庆十八年（1813 年）官礼部尚书，次年病故，时年五十七岁。这位状元虽官至尚书（从一品），正史却载录寥寥，查《清代职官年表》《明清江苏文人年表》，简略记载称其：才名卓绝，过目成诵，与山阳（今江苏淮安）汪廷珍齐名，时称"汪经胡史"，著述《三馀堂集》遗世。又查野史笔记《清稗类钞》，一段记载很有意思，曰："殿试时胡长龄以名得大魁。胡印渚，名长龄，乾隆朝，大魁天下。殿试时，胡卷本在进呈十本之末，时高宗春秋高（按：乾隆时年 79 岁），睹胡名，笑曰：'胡人乃长龄耶？'遂置第一。……"[10]，用现在的话来说，本来考的第十，因爹妈起的一个名字，乾隆爷见之生喜，图个"长龄"吉利，钦点成了状元！而这位状元郎很有个性，入宫后，因不愿攀附权倾当朝的和珅，长期不得重用升迁，直到嘉庆四年，仁宗查办赐死和珅，胡长龄方才时来运转，"由是胡为仁宗所重，累迁至礼部尚书"。

诗筒的主人阮元（1764—1849），字伯元，号芸台、雷塘庵主，晚号怡性老人，江苏仪征人，乾隆五十四年（1789 年，按：与胡长

---

[10]《清稗类钞》，徐珂编撰，中华书局，2010 年第五册，2152 页。

龄同科）进士，"选庶吉士，散馆（按：翰林院毕业考试）第一，授编修。逾年大考，高宗亲擢第一，超擢少詹事。召对，上喜曰：'不意朕八旬外复得一人！'值南书房、懋勤殿，迁詹事。"[11] 阮元二十五岁中进士，三十岁位至三品詹事，历乾隆、嘉庆、道光三朝，官至体仁阁大学士加太子太保、晋太傅，谥号文达。阮元不仅官运亨通，政声卓著，位极人臣，同时，更是思想家、著作家、刊刻家，在经史、编纂、金石、校勘、书法等方面，都有高深造诣，《清史稿》载："海内学者奉为山斗焉。"被尊为三朝阁老、九省疆臣、一代文宗。道光帝祭文中称其"极三朝之宠遇，为一代之完人"。当代学者评价他："在清代以赞助、奖掖学者而享誉后世的学者型官员中，阮元无疑是影响最大的一位。嘉道时期已经到了对百馀年来汉学研究进行全面清理、总结时期。而当时能够担此重任的，非阮元莫属。"[12] 其文化影响力，播布后世汉学甚深。

这枚胡长龄赠阮元"大雅教正"的诗筒，解读其中传递的信息，颇有意味。看看他们有着怎样的关系：一、同为乾隆五十四年同榜进士。这层关系，在古代科举史上有一个专有名词，谓曰"同年"，类同于当下博士研究生同班同学。清代官场上的潜规则，"同年"为天然的政治盟友，一般都会相互关照、提携甚至庇护。二、均为江苏（苏中）同乡。三、同事、同僚（翰林院）。关键是这层同事关系，几年之间，二人的名分、地位跌宕、落差之大，超乎想象。这期间，两人的工作范畴高度重叠，应该交流、交往频密，他们之间的人性、学识也经受了考验，不禁教人联想、感叹。

单从官阶来说，胡氏高中状元即赐进士及第，授翰林院修撰（从

[11]《清史稿·列传一百五十一》，中华书局，1997年，11421页。
[12] 同上。

118

六品）；阮氏殿试为二甲第三名，赐进士，朝考第九，授翰林院庶吉士，官阶约为八品，同时入翰林院供奉，进入了乾隆帝的秘书班子。短短三年后，散馆，阮元品学兼优，得高宗恩宠，"超擢少詹事"，奉旨南书房行走（从三品）；第五年，阮氏三十岁官至詹事府詹事（正三品）；而胡氏因不附权相和珅，和珅虽不敢奈何乾隆爷钦点的这位"吉祥物"，但和大人心中不快就可想而知，由是，仕途只能蹭蹬，几乎原地踏步。阮元在五年之内，"超常规"提拔迁任詹事府，虽然与翰林院没有相互隶属关系，为"专备翰林院迁转之资"，但有些职掌院、府是互兼的，詹事府詹事、少詹事例得充任副总裁官，均参加"侍班"，或皇帝集议，而身在翰林院的胡状元，也要在詹事府的司经局充任修撰，此时，小胡长龄六岁的"同年""小老乡"阮元，成了状元郎老兄结结实实的领导、长官。

　　嘉庆四年（1799 年）正月，（按：赐死和珅当月），也就是胡、阮科举得功名后的第十年，阮元兼兵部左侍郎，三月调户部左侍郎，七月，兼礼部左侍郎奉署浙江巡抚（正二品），位列"封疆大吏"，时年三十六；而胡氏，仅在乾隆当政的最后一年（乾隆六十年，1795 年），才官任国子监祭酒（从四品），是时，和珅把持朝政，气焰熏天，更借科举大肆敛财徇私，容不得他人插手，这个"祭酒"，听着唬人，很美，却不过一杯残冷剩酒而已。

　　这十年间，阮、胡几乎都在宫廷大内，一定会有很多的交集，而私下交谊呢？目前能查到的，胡长龄十四年后有诗为证："癸亥三月（按：嘉庆八年，1803 年）薄游西湖，时阮芸台（按：阮元字）开府杭州，那绎堂尚书（按：那彦成，1763—1833，满洲正白旗人，字绎堂，号韶九、东甫，乾隆五十四年进士，时任刑部尚书，从一品，谥号文毅）亦以谳事驻浙，皆己酉同年也，却寄以诗。""其一：

不曾黟涉径呼门，定胜平津阁内宾。五相一渔浑间事，不招明月恰三人。""其二：曾辱先公褒一字，而今谁念次公狂。惟应鲁国奇男子，肯说江东老孝章。""其三：我本江东一步兵，多君千里致莼羹。湖楼小住听春雨，不为秋风作此行。"[13] 这一年，胡氏已在外放奉天府丞兼学政任上（正四品），南下杭州出差。诗文不用详解，胡诗里面传达的，是三位"同年"、曾经的"同事"，虽然身份、地位早已悬殊，不期于杭州阮元任上相聚，"不招明月恰三人"，偕游西湖的那份愉悦之情。

再来解读这枚诗筒。胡长龄镌于其上的，原为北宋大书法家米芾《苕溪诗卷》其中的一首，且有真迹遗世，名为《苕溪诗帖》（现藏北京故宫博物院），阮元任乾隆内府少詹事时，奉旨主编《石渠宝籍续编》，应该十分熟悉此诗、此帖；而胡氏刻在诗筒上的字迹，却是明末大书法家董其昌临摹米帖之帖、胡状元再传摹的董体，其中奥旨，恐怕只有他俩方能神会。

有清一代，康熙帝推崇汉文化，书法尤喜董其昌字迹，董帖几乎不离左右，晨夕观赏、临摹不辍，几近痴迷。清三代帝王、大臣、士子，于是乎人人苦练"董体"。董其昌（1555—1636），江苏松江华亭人，字玄宰，号思白，别号香光居士，明末后期大臣，书画大家，《明史·文苑》有传，说书法至董其昌，集古法之大成，"六体"与"八法"无所不精，"名闻外国，尺素短札，流布人间，争购宝之"。上有所好，下必甚焉，自康熙朝，出现了满朝皆学"董书"的热潮，写得一笔好董体，甚至成为人臣士子追逐功名的捷径（康熙朝布衣

[13] 转引自《国学梦—古诗词大全》，原载胡长龄《三馀堂存稿》。

高士奇，以"董体"入仕、近侍，成为宠臣，以三品之身入清史，并有谥号，所谓青史留名，即为一例）。

这枚诗筒临的是有"董家自己面貌"的宋代"米帖"，胡长龄"再临"镌刻竹筒之上，一定有其思量，为其一；其二，此诗为米芾《苕溪诗卷》中的一首，而苕溪是浙江八大水系之一，也应阮元其时署理浙江之景；其三，诗中最后一句"水宫无限景，载与谢公游"，之"谢公"二字，胡氏其实延伸了"谢安"之喻，借指、暗喻阮元几年前去世的恩师，谢安后裔——谢墉（1719—1795），字昆城，号金圃，晚号西髯，曾任皇子永琰（嘉庆帝）师傅，文学家、乾隆朝六部侍郎，阮元于浙江巡抚任上，为恩师作有《吏部左侍郎谢公墓志铭》（现藏台北故宫《续碑传外集补》传稿）。

诗筒的临诗帖正文之后，胡长龄耐人寻味的，用同样大小字体镌跋："香光喜临米海岳此诗帖，坋自运时亦多止之。"（释按：坋：大防。释其大意：我在临"董"时，十分防止、注意行气运笔，看似外放实为内敛。）胡氏应该熟知董其昌书法之论："无垂不缩，无往不收，此八字箴言，无上之咒也。"从这枚诗筒跋之表面看，胡氏说的是"临董书"体味；蕴藏其背后的，则有为官、为人的提示、提醒。作为相知、相交甚恰的"同年"、"同乡"、前"同事"，胡长龄之赠，诗筒小小，深意拳拳。相信，阮元也读得懂。


再说一题外的话，日前在网上浏览，偶然看到一幅胡长龄的字（搜狐网首页·历史，《中国画坛联盟》2017.6.8"罕见清代状元书法大全"），与本藏诗筒诗文一般无二，唯独落款为"阮元仁兄教正，弟胡长龄"，下有两方方章篆书款印，一方"臣胡长龄"，另一方模糊不可辨，其笔画、间架结构，与清代几乎个个都是书法家的状元字迹，云壤之别；尤其是落款称阮元为"仁兄"，再加钤印称"臣"，实在荒唐得可以。

附注：此文初刊于《东方收藏》杂志，二〇二〇年08A期。

二〇二〇年三月于珠海半山居南窗斋

# 状元镇尺与王世襄的家世

可能天资或者年岁原因，自己对电脑、网络，尤其是手机，怎么都不灵。好几年前，换新手机，打开包装盒，到处翻找说明书，女儿旁边冷笑："切——！谁还看说明书？"问："那怎么办？"答："开机找呗！"于是，各种的"操作"，手忙加脚乱，脑袋愈昏晕，结果，就是不行。写过一篇小文，坦承自己：《电脑盲》。

很晚才用上微信，"朋友圈"人数很少，有种种理由，实质是，怕麻烦。可是有一次，却赶了一趟"时髦"，"微拍"——微信上参加小型拍卖会，限定截止时间，价高者得。煎熬到深夜，得此象牙状元镇尺一对（如图一、二）。

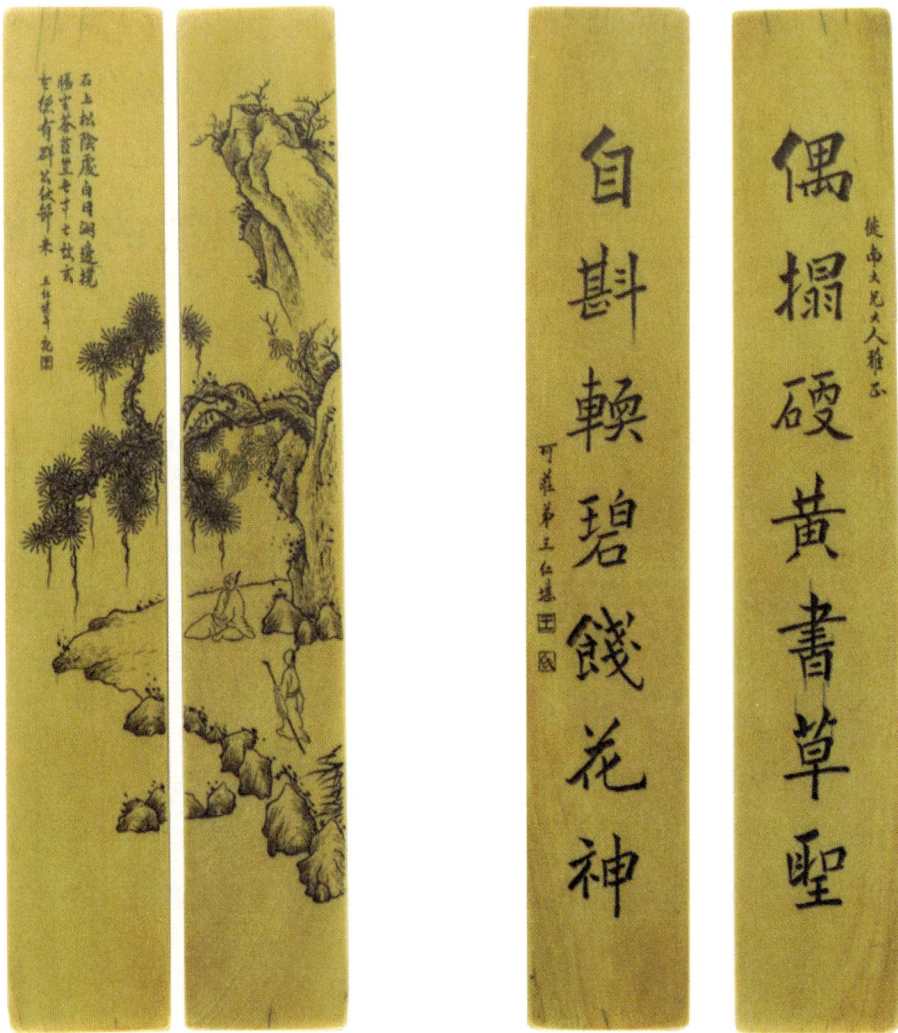

图一、二：分别为镇尺正反两面。象牙质，单枚长20厘米，宽3.2厘米，厚1.0厘米

镇尺之一面：工笔细刻山岩、苍松虬枝，长袍高士二人，散坐者一、执仗行者一，正待相会的画面。左上题诗"石上松荫处白日，湖边揽胜坐苍苔。岂无高士谈玄在，总有群公仗节来。王仁堪并记"；另一面：镌楷书七言联："偶揭硬黄书草圣，自斟软碧饯花神。"上款："徒南大兄大人雅正。"落款："可庄、弟王仁堪。"并刻方章款二："王、氏。"镇尺的画面、题诗以及楹联，浓浓溢出文人士大夫会友清谈、摹揭临书、品茗之逸情雅趣、松风云净之致。

知道王仁堪其人，源自王世襄先生。记得是一九九二年，事先从未想过、实属机缘巧合，有幸得见王老一面，在东城芳嘉园先生的老宅子里。待了不到半小时，至今难忘；由此，开始关注王老，以及他的著作，得知先生是有世界影响的文物专家、学者、文物鉴赏家；启功先生告诉我的，则是："世家、大家，五世与'故宫'有缘。"

据王先生书中回忆："《清史稿》中有高祖王庆云的传。他为前清翰林，曾任陕西、山西巡抚，四川、两广总督、工部尚书等职，还著有《石渠馀纪》一书，又名《熙朝纪政》，……至今仍为研究清代经济必须参考之书。是福州的大家族之一，当时有名的家族是沈、郑、林、陈、王等。祖父的哥哥、我的伯祖王仁堪，光绪三年丁丑科状元，任镇江知府，是有名的清官。"[1] 查翻史料，王老的这位伯祖，可不像他说的这么简单。与其高祖王庆云一样，也是青史留得大名。王仁堪，"虽然官不过知府，寿不满五十，但其品德、政声、文章、书法却名重一时"，并且，是有清一代"破格"入史的最后一位循吏！

---

[1]《王世襄——找一片自己的天地》，李辉著，大象出版社，2001年，9页。

　　有学者、方志研究者，把王仁堪比作"悲情劳模"。吴晓峰《一个值得研究和学习的典型——晚清循吏王仁堪文献评注（代序）》称："自唐代开始，中国历代的封建王朝都实行了科举制度，因此，历朝历代经科举考试选出来的状元是非常多的。……但是，综观这些历史上有名的状元，被作为循吏而写入正史的，只有王仁堪一人。"[2]

　　王仁堪（1848—1893），字可庄，又字忍庵，号公定，福建闽县（现福州）人。二十二岁，科举乡试中举人，光绪三年（1877）二十九岁，"春闱"录贡士后，殿（御）试中一甲第一名（世称状元），授翰林院修撰、上书房行走、充武英殿协修官等职，且诗、书、画兼善，书宗欧、褚，名称一时。至今，仍有《千字文》楷书帖等行世。

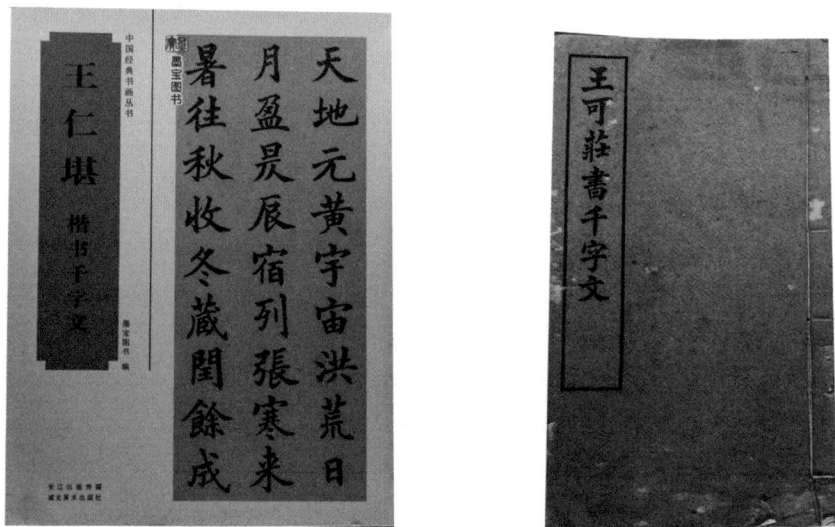

图三、四：《中国经典书画丛书——王仁堪楷书千字文》帖；《王可庄书千字文》帖。（商务印书馆，"民国廿二年四月印行，国难后第一版"，可谓"商务"重生、救命版。）

[2]《晚清循吏王仁堪文献评注》，吴晓峰、王勇评注，江苏大学出版社，2016年，1页。

光绪十六年（1890 年）十一月，调外任江苏镇江府知府；光绪十九年（1893 年）七月，转任苏州知府，十月（按：月份均为阴历），积劳成疾逝于任上，享年四十五岁。

据王仁堪后人辑刻《王苏州遗书》，卷首《王仁堪年谱》记："公没于苏州，耗至镇，士废业，商罢市，野辍耕，无不歔欷流涕，设位而祭。"云云；镇江士绅等联名上书两江总督刘坤一、地方官员上报通禀中亦称："窃已故守王仁堪，政绩卓著，妇孺口能道之。去任之日，民遮道泣留。及其没也，里巷聚哭，争立庙以祀。……"《清史稿·循吏（四）》载："……镇江士民列政绩，吁请大吏（按：总督、巡抚）上闻，谓其'视民事如家事，一以扶植善类、培养元气为任，卓然有古循吏风'。诏允宣付史馆立传，以表循良。自光绪初定制，官吏殁后三十年，始得请祀名宦。于是疆臣率徇众意，辄请宣付立传表章，旷典日致猥滥，仁堪为不愧云。"[3]

王仁堪去世二十五年后，民国十七年（1928 年 6 月 11 日），镇江、苏州人民依然没有忘记他，在上海《申报》上刊载《士绅公祭王仁堪》："……现公订于今日上午一时，前往祭祀。昨已由发起人函邀本埠士绅四十馀人，届时莅临行礼。……"其死后之哀荣，由此可见。王仁堪任知府短短三年，原属外放，朝廷之上不受"待见"；"为官一方"，却真正赢得了民意、民心。

所谓"外放"，系指自朝廷大内派赴地方任职，或平级"下基层"，有贬之意味；而"问题"，是出在"内任"期间。王仁堪作

[3]《清史稿》，赵尔巽等撰，中华书局，1977 年，13095 页。"循吏"：始见于《史记·循吏列传》，后为部分正史继承为体例，主要记载重农重教、清廉为民的州县级地方官员事迹。

为言官，是光绪朝早期"清流派"[4]代表人物之一，极尽规谏之责。用王世襄话讲："他曾上条陈劝阻慈禧太后修颐和园。"其实，还有弹劾完颜崇厚卖国，擅自与俄签订《里瓦几亚条约》，"慷慨陈词，时论嘉许"；痛陈神机营偷惰误事以致酿成太和门火灾等等，用《清史稿》语评价："言尤切直。"也正是由此，触犯了"西太后"以及当朝一些宗室、权贵，遂"外放镇江"，时为光绪十六年（1890）。当时朝臣之中，很有为之不平者，王仁堪接任命却即刻赴任，留别诸友诗句曰："圣明无弃材，中外不歧视"，坦荡、淡然。

翻阅当朝位极人臣翁同龢的日记，作为"同光"两朝被称为"士林领袖""帝师之尊""清流派"后台的翁氏，日记中，对王仁堪（可庄）有十八次记载，初为称赏，后为叹惋。择录几条："于朝房小坐，遂入，看一册毕，始闻鼎甲名……王仁堪。""王仁堪极好，通各家之说。"（按：王仁堪登状元榜之时）王仁堪入宫任职第二年（1879）翁氏日记："王仁堪等二十二人一折（按：疏劾完颜崇厚卖国），盛煜一折。王、盛皆主杀使臣，盛言旁及于保荐使臣之人。"慈禧太后却拖延不办，推说光绪帝尚年幼，"但须俟上亲政后再议（按：慈禧语）。余曰（按：翁氏），此推诿之词，议而不议，不敢附和。"翁氏日记中悲叹："龢既目睹先帝鼎湖之事，又值国事艰难至极之时，又逢讲幄大费劝讲之际，百念灰冷，中怀瘢损，将病无疑。""家国之感交集，寸衷消铄甚矣""乏极恨极，恨有惭于清议，无补于大局也。"[5]到了光绪十九年（1893），王仁堪外放第三年，翁氏日记："廿三日（11月30日）……闻王可庄卒于苏州，可骇可怜，伊此

[4] 清流派，系指晚清光绪年间最高层内部的政治派别，"清流"原喻指德行高洁、勇于言事、有名望的士大夫，时有"清流党"之称。

[5]《翁同龢日记》（全九册），翁万戈编，翁以钧校订，上海辞书出版社，2019年，1321、1428、1499、1524页。

月十一尚到常熟，不知何以至此。""廿七日（12月4日）……写刘岘庄制军函，为王可庄身后事也。夜坐凄怆怀往事。二更大风起，万窍怒号。"[6] 足可窥见，翁氏私下之苍茫心境、心底之波澜。

晚清至民国，还有一位十分重要人物——郑孝胥。在他的日记里翻阅发现，这位"一九三一年'九·一八'事变发生，又同溥仪潜行出关。次年，伪满洲国成立，任'国务总理'，……终则以贞事一人为节操，以逆时代潮流而动为卓特，由遗老沦为国贼，助桀为暴，身败名裂"。[7] 众人皆曰可杀的大汉奸，早年，与王仁堪及其家族，可谓渊源甚深。

这段鲜为人知的历史，是在郑孝胥人生重要阶段、步入仕途的起步之时。据郑氏日记记载，光绪八年（1882年）至十九年（1893年），王仁堪生前，郑氏与王仁堪、王仁东（王世襄祖父，字旭庄）昆仲之间，相交甚笃，可谓挚友。

郑孝胥（1860—1938），字苏戡（亦作苏堪、苏龛、苏盦），号太夷，福建闽县（今福州市）人，与王仁堪系同乡。其日记，自光绪八年（1882年）至民国二十七年（1938年），延续五十六年。郑氏"一生的七十八年，几乎与中国近代史的首尾相当。在此期间我国所发生的政治、经济、军事、外交、文教上种种激剧变化，郑氏多身经目验，在他五十六年未曾间断的日记中留下了不同程度的反映。……应是一份极难得的记录。"[8] 周一良先生《关于郑孝胥日记》，评价："郑孝胥的一生，可以分为三个阶段，应分别对待，

[6] 同上，2689、2690 页。

[7]《郑孝胥日记》（全五册），劳祖德整理，中华书局，1993 年，3、4 页。

[8] 同上，4 页。

作不同评价。但盖棺定论，当看他最后的大节。辛亥革命前算第一阶段，郑氏既是杰出诗人，又是主张维新的政治活动家。他才思敏捷，一八八二年（按：光绪八年）乡试第一（按：世称解元），长期在张之洞湖广总督幕中，深受器重。……他的日记未先存有留给人看的念头，故而记述主观思想和客观事件比较真实。"[9]

郑氏光绪九年（1883 年）日记："十二日（3 月 20 日）进京（按，参加会试，即三年一次进士大考），趋杨梅竹斜街（按：大栅栏、琉璃厂东街一条胡同），卸车于鸿升店。……始步访可庄昆仲，相见黯然（按：时王仁堪、王仁东自福州安葬父亲方归）。"[10] 从中可以看出，郑孝胥与王家极为相熟，进京备考的第一天，即探访王氏兄弟二人。其间，还拜访了陈宝琛（按：字伯潜，系王仁堪、王仁东姐夫，后为溥仪帝师）、张謇等一众师友。据郑氏"廿二日（3 月 30 日）"日记，王仁堪主动与郑约定："君获隽（按：中进士），则已耳；倘有不利者，余已卜宅于城南隅，斋屋五椽，花竹幽映，颇足为读书胜处，尤于诗人为适。能为我留否？"[11] 可见，王仁堪之盛情厚意。尤其是第二次入京（按：光绪九年郑第一次入京会试，未果；三年后，光绪十一年，再次赴考），郑孝胥履约入住王仁堪宅。在此年一至十月日记中，可见郑氏与王仁堪、王仁东昆仲、福州籍在京同乡过从甚密，并与外省籍才俊如南通张謇（按：字季直，后亦中状元榜）、嘉兴沈曾植（字子培）等"清流派"人物，交集密切："同乡十数人皆集""谈至暮""聚谈酣甚""与可庄昆仲同往听戏""可庄生日，邀为出城之游"等记载甚多。

---

[9]《读书》,三联书店出版,1995 年第 9 期,33、35 页。

[10] 同注 [6],33 页。

[11] 同上,35 页。

王仁堪大郑孝胥一轮（十二岁），且在光绪帝（上书房）等身边供奉，与郑氏这位小老弟交流、交往可能多为学问、中外之大事等，有朋友观察、总结笑言与曰："苏龛虽行，吾见之于四焉：与可庄处见其严切；……"而与王仁东的关系，由于二人年龄接近一些，则更见亲密。逛街、听戏、饮酒、赏古董，有时甚至夜不归宿："九日（1885年10月16日），夜，同旭庄返寓，街月甚洁。旭庄寓斋后庭植竹，月影映窗，瑟瑟作响。旭庄夫人适归闽中，邀余至室中下榻卧，谈几三鼓始寝。"[12] 隔年，郑氏再试不果，离京时记："廿二日（5月25日），晨，车来，捡装，入辞三婶（按，王仁堪、王仁东母亲）。将登车，可庄次子小三（按，王孝绳）出拜送，呼余为师，言且寄所作论，请余遥改，出赀前谒。喜而诺之。"[13] 由此，似可推测，郑孝胥与王氏家族或有某种亲戚关系（日记中多次称王母为三婶），且允诺为王仁堪幼子之师，乡亲乡谊更密一层。这以后，郑氏入京科考仍未果，遂以举人身份考录内阁中书，与王仁东同为内阁中书，可称同僚。

光绪十七年（1891年），郑孝胥以同知身份充任随员，出使日本；十九年（1893年）五月，升驻神户兼管大阪府正理事官。当年"廿九日（12月6日）：……包封至（按：邮件），闻可庄于二十日丑时疾殁，惊绝哀恸，叹曰，天道之不可恃若此耶！余十八《望月》诗，气象萧飒，颇自怪讶，乃知天剪（翦）吾党，哀象之先感也。王介甫《哭王逢原》曰'百年相望济时功，岁路何知向此穷'，涌泪之下，又拊床大叫。"[14] 并"拟挽可庄联曰：'岁路向穷，斯人已矣；泪河

---

[12] 同上，75页。
[13] 同上，105页。
[14] 同上，385页。

空注，吾道非邪？'"拟幛曰："志业不遂。"寄回国内转交王仁东。此后时日里，郑氏仍悲不能自禁，曾有多首诗作怀及王仁堪。

翁同龢、陈宝琛、沈曾植、郑孝胥、张謇、徐世昌，等等，均为晚清乃至民国响当当的人物，他们与王仁堪都有相当的交谊，均为清流一脉，或曰名士，甚至可以说，他们，致使、影响了中国近代史曲折的走向。然而，王仁堪却天不假年，盛年而殁，的确令人扼腕，故翁氏日记中有"恨有惭于'清议'"、郑氏日记里"天剪吾党"之悲鸣。

杨国强教授在《晚清的清流与名士》中写道："光绪一朝三十多年，先是清流起于庙堂之内，后是名士起于庙堂之外。两者曾渊源相连，但先后之间，又日益远而日益歧，日益歧而日益悖。这个过程，急速地挪动了社会的重心和思想重心，以清流与名士的嬗蜕，写照了晚清中国最后一段历史里士人自身的剧变。"[15] 确为睿智之论。从这一角度看过去，以上清流人物之结局、命运或曰下场，相较王仁堪英年早逝、民众不绝祭奠，并无几人称得上所谓的"善终"。

王仁堪身后一百多年，镇江人世代传诵这位任职未满三年的"卓然循吏"。其当年勘察、重新发掘并手书于壁的"天下第一泉"，如今的中泠泉，以及后人所立之"鉴亭"，已为永久纪念；而赴苏州任上，生命中最后九十馀天，王仁堪留下的政声，与官镇江时一样无差，"未两月结沉案七百馀起"等；尤其是，当场处置一起震惊当朝的"通关节"（按：贿赂科举考官）舞弊案，这一案件，事关鲁迅祖父、父亲以及整个家族。今天看来，此案查处之后，其影

[15]《晚清的士人与世相》，杨国强著，三联书店出版，2017年，146页。

响可谓深远。

鲁迅在这一案件事发近三十年后（1922年），在小说集《呐喊》的自序中，仍然流露出此事带给他的怆痛："我有四年多，曾经常常，——几乎是每天，出入于质铺和药店里，年纪可是忘却了，总之是药店的柜台正和我一样高，质铺是比我高一倍，……然而我的父亲终于日重一日的亡故了。

有谁从小康人家而坠入困顿的么，我以为在这途路中，大概可以看见世人的真面目。……"[16]

案件的主人公周福清（1837—1904），字震生，号介孚（按：鲁迅祖父），同治十年进士，曾官江西金溪知县；光绪十八年（1892年）内阁中书任上，回绍兴丁忧三年，丁忧在乡的第二年，鲁迅父亲周用吉（字伯宜），正逢乡试大比之年。这一年，浙江的主考殷如璋恰好与周福清为同治同榜进士，当地有人想借着周氏与主考的这层"同年"关系，贿赂、"疏通关节"，并"捎带上"其他乡试子弟，请周福清出面，设法"疏通"；周氏自绍兴出发，以舟船至苏州，靠近殷如璋停泊码头的官船，却没有直接出面，而是派遣仆人陶阿顺，将周氏之名帖及信封一枚，设法交与了主考官殷如璋。

王世襄家族《西清王氏族谱》[17]（如图）对此亦有记载："时值大比之岁，浙江主考道过苏州，太守（按：王仁堪）至舟迎谒，适已革中书周福清遣人递关节与正考官殷如璋。殷以太守（按：王仁堪）不与寻常二千石等，既在座，不敢匿其情，递以书并投书人交太守讯办。大案由此而发，其为京僚，畏惮又如此。"

---

[16]《鲁迅全集》（第一卷），鲁迅著，人民文学出版社，2005年，437页。
[17]《西清王氏族谱》，1992年12月，269页。

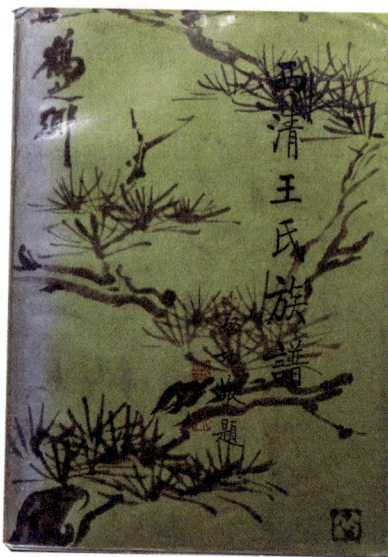

图五：封面

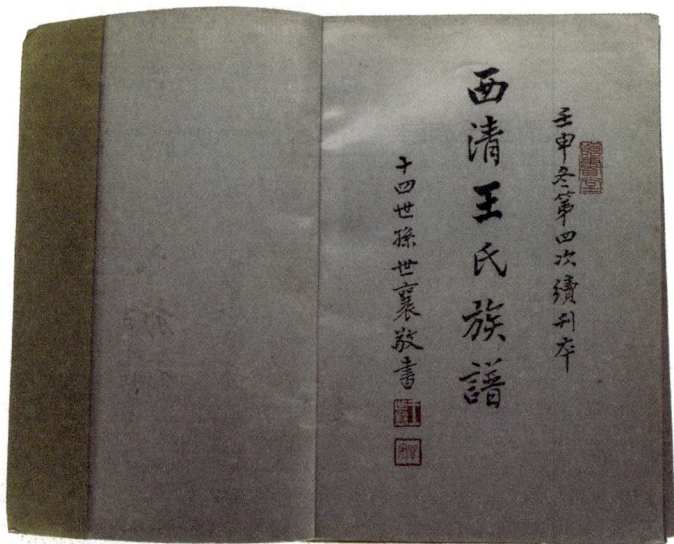

图六：扉页

图五、六：按，族谱系由台湾王世威主成其事，启功先生题签，王世襄
题扉页

134

清宫档案载有周氏信封之中的内容："周福清独自拟写关节一纸，内开五人：马（官卷）、顾、陈、孙、章，又小儿第八。均用'宸、忠、茂、育'字样。并写洋银一万元空票一纸，加具名片，装入信封。"（按，《崧骏奏报审理周福清贿赂案情形折》，光绪十九年十一月初十日）。

再来看当朝的试官日记，据李慈铭《癸巳琐院旬日记》，是年李以御史派充顺天乡试内监，"九月初五日：晤小川晖庭，言浙江科场事，以送关节，牵连同乡周介孚（周福清字）舍人，为之骇然。……经殷如璋将其人扣留，交苏州府看管，转解浙江……丁忧内阁中书周福清，著即革职、查拿到案，严行审办，务得确情，按律定拟具奏。"[18]

仆人陶阿顺案发被扣时，周福清见情势不妙，弃船潜逃上海；鲁迅父亲周用吉则被革除秀才功名，取消乡试资格；周福清不久后投案自首。按照《钦定科场条例》，贿赂考官一经查实，将被处以极刑。这期间，浙江巡抚等由于种种原因，促成光绪帝终审："周福清着改为斩监候，秋后处决（按：死缓）。"此案又因故拖了两年，改为"着免勾"，即改判无期徒刑。到了光绪二十七年（1901年），八国联军入侵北京之后，朝廷大赦天下，周福清才侥幸出狱。

鲁迅的父亲周用吉，因为涉案惊恐、染病经年，变卖家产以度日、医病等，四年后，光绪二十二年（1896年）病亡，终年三十七岁；鲁迅是年十三岁。

可以想见，家庭遭此大难，鲁迅且正值少年，社会、家庭、异域求学等等，诸般的经历，给鲁迅带来怎样的人生体验。《呐喊》自序中，鲁迅先生用"寂寞"来比喻形容："这寂寞又一天一天的

[18] 转录《中国日记史略》，陈左高著，中国书籍出版社，2016年，261页。

长大起来，如大毒蛇，缠住了我的灵魂了。"[19]

　　王仁堪秉公处理的周福清一案，是封建社会体制内的"反腐"，当然是正义之举。而由此，波及落网者及其家族，导致了所谓的"家破人亡"；而当时尚未成年的鲁迅、周作人昆仲，在此铭心刻骨的"包袱"、阴影下、伤痛里渐渐长大，刻苦且自励，最终成为一代之文豪，双峰并峙；对于中国文坛，至今影响仍未稍减。这一结果，怕是谁也没有预料到的。

　　王仁堪、王仁东家族后代，与近代许多的名门世族一样，饱经命运跌宕、离乱以及荣辱之起伏；他们散枝、开叶，分布于世界多地。但是，仍然是人才辈出，用其族谱中的话："俊才不能胜数。"王世襄的父亲王继曾，曾官至北洋政府国务院秘书长；叔父王孝缃，日本留学期间，参加了"同盟会"创会，与孙中山、黄兴、蒋介石等引为"同志"；王仁堪嫡孙王世真，留美归国核医学家、中科院院士，被誉为"中国核医学之父"，等等。正如王世襄屡遭坎坷，"文革"肺病中仍驱赶下放湖北干校，仍励志有诗序云："劳动中见畦边菜花倒地，犹昂首作花"，以其自况，诗曰：

　　　　"风雨摧园蔬，根出茎半死。
　　　　昂首犹作花，誓结丰硕子。"[20]

---

[19] 同注 [16]439 页。
[20]《自珍集·自序》，王世襄著，三联书店，2007 年。

补记：偶然见到中贸圣佳（2011年秋季）专场拍卖图录（如图七、八），发现本藏镇尺源自王仁堪纸本，可谓双璧。

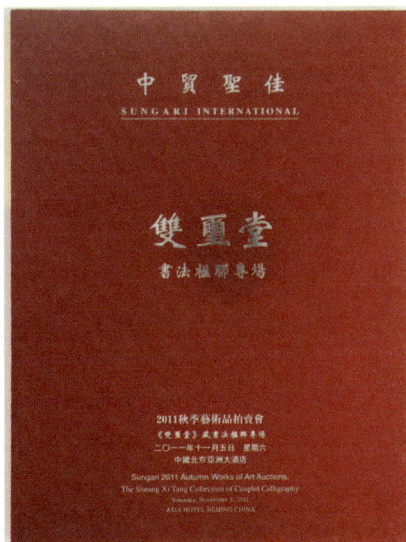

图七

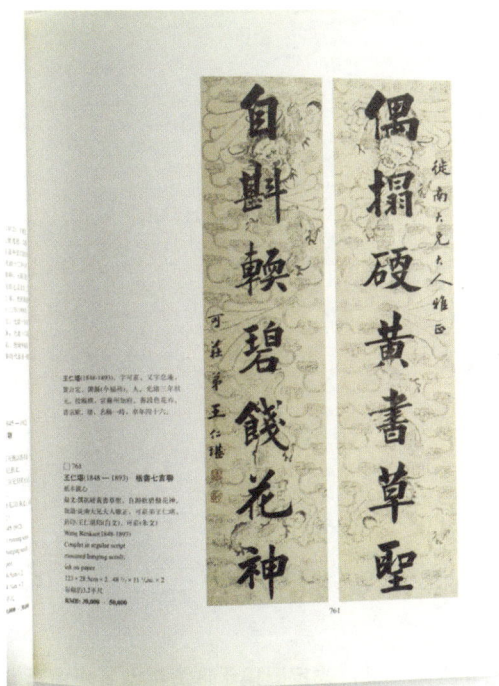

图八

137

据镇尺两面分别为字、画推测，王仁堪手笔其纸本应为整幅中堂，其画佚失群。对联、镇尺起首称"徒南"者，应是受赠者字或号；徒南先生珍视王仁堪的墨宝，或又请人将字画镌刻象牙镇尺之上。

据王氏年谱记载，王仁堪亦擅画："公课士馀暇，兼习绘事，所画设色花卉，家中尚存数帧，……故世人罕知之者。"本藏镇尺画及题诗，其后人编《王苏州遗书》未见著录，应为佚画、诗。

本藏镇尺画上的题诗，为步《读书台》诗韵，始自唐代杜光庭，后世文人雅士多以《读书台》诗名唱和。明代符锡即有"石上松阴虚白日，池边鸟迹认苍苔。岂无高士谈玄在，亦有群公仗节来。"王仁堪属稍作改写，故曰"并记"。惜受赠者"徒南大兄"其人谁何？失考。

二〇二〇年五月一日，改定旧稿于珠海半山居南窗斋

138

# 谭印·十章

## ——印章十枚琐说

## 小　序

　　喜欢且收藏印章，可不是件好玩的事，虽然它易得。古玩店里、地摊上"杂七杂八"之中，总能见其身影。

　　秦、汉乃至清朝，铜质官、私玺印（章）且不论，只说石质印材的辨别，仅寿山、青田之石，山头、坑口众多，材质、花色、名称几百上千种。而且，即便同一矿脉，产出年代不同，还是有其差别；再说印章文字辨识，起码《说文解字》五大卷本，您得翻翻，秦汉篆书，您能识认个大概，其时代风格以及字体之演变，您还得略知一、二；明清两代，哪怕只清朝一代，早中晚期，印人的风格、流派；名家、小名家、字、号称谓；刀法特征、边款、印钮体式，是否老款后刻印面，包浆老、熟程度，是否做旧等等，都需要您现场做出综合判断、决断；更何况，印章之作伪，多系精于此道之"雅士"所为；如果，再加上贪心、捡漏之念作祟，那么，离"吃药""中枪"，也就"八九不离十"。

踏此所谓雅途，想练就一双慧眼，非多年"功力"不办，需要所谓的"修炼"。而"修炼"之前提无它，还是得多读书，多看真品、多揣摩，多请益、交流，长其悟性；其过程之长短，因人而异，如不为射利论，收获的，是广义上"文化"的多个方面，比如，业馀，您多读了几本书、喜欢上了"文史"，或者是早起，去逛摊儿、去博物馆看看……当然，您也许会很沮丧；最后是，多上手、少出手。否则，极易失手。

说了这么多，如此繁难之道，如果您问：那，你所为何来？！在下诚实回答：只为爱好。其实，与其他品类之收藏相较，造假的"雷子"，都一样，随时随地可"触"，早已不稀罕，打从宋代就开始有；现如今，就更甭想着有块净土。

民间的非"大款"之"草根"收藏，所谓的玩古之乐，各有缘由、目的，往高雅说，是传承文化，面对古物、文物，在于能渐辨其伪而识其真，或得考辨心得、欣喜；或以此养家、开店，繁荣文化市场；或发财、破财，"痛，并快乐着"，或收获难得的成就感，能去"显摆"，再加上所谓保值增值，这可能，就是收藏者"上瘾"的根由罢。也就是王世襄先生常挂嘴边的"不冤不乐"。

忍不住再当文抄公，近百年前（1923年），知堂老人有一篇《北京的茶食》，说的是喝茶，还得要配上吃的点心（茶食），他解释：

140

"这也未必全是为贪口腹之欲，总觉得住在古老的京城里吃不到包含历史的精练的或颓废的点心是一个很大的缺陷。……我们于日用必需的东西之外，必须还有一点无用的游戏与享乐，生活才觉得有意思。我们看夕阳，看秋河，看花，听雨，闻香，喝不求解渴的酒，吃不求饱的点心，都是生活上必要的——虽然是无用的装点，而且是愈精炼愈好。"

有人把收藏的古物，比作有钱、有闲的"成年人的玩具"，是无用之用。从某种角度讲，所谓的盛世收藏，是因为，国家社会几十年高速发展，产生了有点闲钱、有些馀闲这样一个群体，哪怕还有一群造假、跟风，随时准备捡国宝、发大财的人，走私、拍假、"砖家"等等，乱象丛生、法规滞后。但这终归，是一种社会文化现象，或者说，也同时牵涉到各地的文化经济产业；国家层面、地方政府的良性治理，相信一天天也会跟上，应作如是观。

不过，关于收藏，还有一个境界，如王世襄先生所说："但顿悟人生价值，不在据有事物，而在观察赏析，有所发现，有所会心，使上升成为知识，有助文化研究与发展。"笔者私意称许，奉为圭臬。

故不揣浅陋，从所藏印章里捡出十枚，试着解读一过，呈奉读者诸君、大方之家，以供棒喝。

是为小序。

# 谭印·十章之一：

## 士人中的高人、奇人——高士奇

多年前某天，接梅州古玩商朋友电话，说是有高士其（音）刻的印章，章料很好，问我是否感兴趣。

高士其的名字，我辈大多知道，是位科学家、科普作家。二十世纪六七十年代，乃至八十年代，其作品影响力极大，"从小立志，长大当个科学家"，成为很多孩子的志向。可是我知道且又好奇，高士其年轻时留学美国，因实验室操作意外而致残，归国后，又瘫痪了半个世纪，竟然还有铁笔治印之雅兴？

朋友说"东西包老、包退"，尤其说材质为寿山白芙蓉，为"印石三宝"之一，且价格可以接受，不免心动。

印章寄到后（如图），这才发现，此为清初康熙朝之高士奇，属自刊印；一个奇（其）字区别，二者相差近三百年。

图一：印身，质地为清早期寿山白芙蓉，清白明莹、"似玉而非玉"，印身朴素简洁，环绕钮部浅线刻蟠螭纹，氧化、使用包浆老熟

图二：镌边款"戊寅秋，高士奇作"

143

图三：印面"江邨"。戊寅年为康熙三十七年（1698 年），江邨为高士奇自号

　　高士奇（1645—1703），字澹人，号瓶庐，又号江邨，浙江余
姚人。正如其名，说高士奇是高人、奇人，是因为在封建科举时代，
高士奇以"太学"士子而非"两榜""正途"出身入值内廷，既而
为翰林院侍讲学士，成为康熙帝的"老师"、近臣；两次被弹劾赋闲，
又两次回归、入住内廷，最后官至二品；高氏病故后，康熙谕祭礼
部侍郎兼翰林院学士高士奇一道；遣郎廷极为代天御祭的钦差，亲
制悼词，并御书悼联："勉学承先志，存诚报国思。"赐谥号文恪，
后入载《清史稿·列传》。这在十分讲究正统、正道出身的清代士林，
享此身后之哀荣，可谓真正的高士、奇人。

　　而高氏又何德何能，得康熙如此青睐、倚重？满清入关之后，
顺治朝仅十八年，清世祖福临驾崩；康熙帝八岁登基，早承大业，
在位凡六十一年，无疑是一位英明的君主，其雄才大略、文治武功，
奠基、开创了康雍乾之盛世。美国史学家作《全球通史》称："他

统治的大清帝国，是世界上最强大、最富庶的国家，就连那些自命不凡的欧洲来访者都不得不承认这一点。"有部分的中外史家、学者，尊之为"千古一帝"。

康熙十四岁亲政，十五岁智除鳌拜等权臣，十七岁（康熙十年）亲试国子监太学生时，高士奇两次御试第一，且书法善"神王小楷""董体行草"，尤为康熙帝所欣赏，自此，如果用俗世、民间话的来讲：两位青年，一位年纪二十六，一位十七，相识、相知、相契，就这样，高士奇走到了康熙身边，直至康熙四十二年（1703年），高氏病卒。

在此三十二年间，高士奇目睹、参与了许多的重大事件发生、处置。平定"三藩"、收复台湾、抗击沙俄，最终签订《尼布楚条约》等等，可以说，见证了满清入关初期，从立足未稳、内忧外患，到国力兴盛、强大的重要历程。其间，康熙帝与高氏的关系，由帝王的欣赏到信任、信赖，甚至高氏第一次被弹劾（康熙三十二年），准乞归籍杭州西溪，康熙仍念念不忘，赐高氏御制扇及诗："故人已久别三年，寄语封书白日边。多病相邻应有意，吟诗每念白云篇。"皇上竟将臣子称为"故人（老朋友）"，并曾赐手敕一道："朕少年最不喜参，尔所素知。只为前大病，后赖此药复元气。所以，使人到长白山觅得八九寸长、五六两重者十馀根，上好者数斤，念尔江湖远隔，苦楚频躬，想是未必当年气相也，故赐南方所无蜜饯人参一瓶，上好人参一斤，土木参二斤。尔自宽心自养，不必多虑。"

这样的人君之情义，在封建时代，确是难以想见。这到底又是怎样的一种君臣关系？还是用康熙自己的话，才能说得明白，而且，这番话是高士奇第二次遭弹劾，乞骸骨归乡、康熙第四次南巡（按：1703年春。当年八月高氏病逝），高士奇奔赴淮安接驾，至杭州、

145

又随驾入京，"赐予优渥"；康熙当着高氏的面，对左右侍臣们说道："朕初读书，内监授以四子本经，作时文；得士奇，始知学问门径。初见士奇得古人诗文，一览即知其时代，心以为异，未几，朕亦能之。士奇无战阵功，而朕待之厚，以其裨朕学问者大也。"（《清史稿·列传五十八·高士奇》）

本藏之"高士奇作"印，边款有"戊寅秋"年款，查戊寅为康熙三十七年（1698年），是年秋，高士奇第二次在籍赋闲，此印应为当时所刻，印文"江邨"，为高氏此后之自号，意为：愿做江村之野老，甘当"闲云野鹤"。

恰巧，也是这一年的秋天，康熙帝又赐御制诗一首："廿年载笔近螭头，心慕江湖难再留。忽忆当年论左国，依稀又是十三秋。"高氏的这枚"江邨"自号印，是在接赐诗后所感、所悟、所刻？也说不定。

高士奇是幸运的。幸运得让康熙身边、身后很多人，直到清末的史官都羡慕忌妒。后来的史官们，为圣祖尊者之讳，不得不将高士奇载入清史，但采用史实贬多于褒；例如，把高氏之入值内廷，说成是权臣明珠推荐，就经不起推敲；野史则更不必说，用当下的话讲，叫作"污名化"；直至现在的各类文史演义、电视剧戏说等，此公多以猥琐小人面目出场。

其实，高氏作为当事人，自己应该很清楚。其内心自卑，因其非"正途"的出身，却屡屡蒙受恩宠；行事自然小心翼翼、察言观色，或曰四处逢迎；而每遭弹劾，辄"伏乞赐归田里"、急流勇退。

146

两次赋闲在籍，高士奇都有闲章明志："萧然自放兀尔无名""不以三公易此日""冷澹生活"，等等，可窥心迹。

高士奇是有学问的。这一点，康熙帝高度认可。高氏生平著作甚富，文史哲诸方面均有建树。其身后，收录在《四库全书》中就有《左传纪事本末》《春秋地名考略》《三体唐诗补注》等八部；收录于《四库存目》有著述五部；同时还是书法家、一流的书画鉴赏家和收藏家，并著有《江邨消夏录》《金鳌退食笔记》《毛诗讲义》《归田集》，等等，足以为证。

二〇二〇年五月于珠海半山居南窗斋

# 谭印·十章之二：

## 清乾隆·周芬款象牙印小考

文房类收藏当中，印章，是不可或缺的一项，尤其是"闲章"。用时下流行语，可称文人雅逸、清玩的"颜值担当"。

从明代后期开始，以石质为印材，蔚成风气；文人文士多雅兴，晚明文学家、书画家李流芳，在《宝印斋印式序》中回忆："余少年游戏此道，偕吾友文休（归昌世）竞相摹仿，往往相对，酒阑茶罢，刀笔之声'扎扎'不已，或得意叫啸，互相标榜前无古人。"

文人雅士纷纷参与到篆刻创作当中，注入和极大提升了印章的文化内涵，从而，奠定确立了印章的艺术性品格。他们奏刀于石上，寄意、遣兴、明志、祈福等等；集诗文、书、画、材、刻、雕于方寸之间，所谓良苦用其心，"闲章"遂不闲也。笔者深为认同清初《赖古堂印谱》高阜的序语："夫（李）斯（程）邈之书，可以峙山岳者，难充几案之娱；李（白）杜（甫）之篇，可以挥烟云者，难舒指掌之细。而约千言于数字，缩寻丈于半圭，不越径寸之中，而尽乎碑版铭勋、赋诗乐志之胜，则唯图章为然。"诚哉斯言。

具体到实际的收藏，明清以降，石质印章确有海量存世，而翻刻、造假之风，亦如影随形，迹近五百年，且近世此风尤炽。所以，印章的购藏，等于是综合人文素养之大考，区区浅薄，视此道为畏途；但是，话还得说回来，看得多了，有时，却又不免手痒（会心者一笑）。故许多年下来，大多选特殊材质，如水晶、象牙、竹木等难镌、易辨之类；而山石材质的印章，多系有道师友转让。检点箧中，不过二三十数而已。此周芬款诗文象牙闲章，即属其一（如图）。

图一、图二：周芬款象牙印，通高7厘米，直径5.1厘米　　图三：印文。释：闲居足以养志，诗书足以自娱

此印取材可称硕大，为象牙尖顶部，重一百七十克，有压手感；印身经不谙宝藏者当作掌中玩物，常年把玩，已呈血珀色，局部为枣皮红；"笑纹"纵向密布，盎有古意；印钮占整器比例过一半，圆雕、镂空雕大中小三狮，体态、神态写实、威猛，典型清早期风格。

三狮与常见的双狮（太师、少师）寓意不同，为"三思"谐音；印文篆："闲居足以养志，诗书足以自娱"。边款以行楷释印文，并署"甲寅春王二日，钱江周芬篆"。

查《清初印风》载："周芬，活动于乾隆年间，生卒年不详。字子芳，号兰坡，别署醒心子，钱塘（今浙江杭州人）。幼好篆刻，客汪启淑飞鸿堂数年，遍览各家印谱，摹刻临习，技艺大进。所作多为大印，工稳遒利，朱文印法宋元，白文印宗汉，有的作品难脱时俗。善制印坛（钮），多巧思，亦善镌砚铭，一七九四年刻《春夜宴桃李园序》全文为一印。享年七十八。"（[1]及附图，下。）

图四：清·周芬刻李白《春夜宴桃李园序》，3.3×3.1厘米，（上图引自该书，现藏上海博物馆）

---

[1]《中国历代印风系列·清初印风》,总主编黄惇,本卷主编申生,重庆出版社,2011年,230页。

  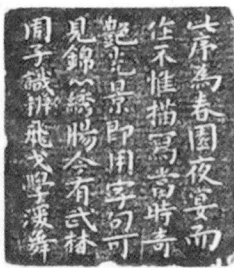 

附图一　　　　　　附图二　　　　　　附图三　　　　　　附图四

是书中，刊有周芬三十八方篆作；再有《中国历代闲章集粹》[2]，亦收录其作品十八枚。由此可知，周芬其人，技艺或曰艺术造诣上，应该不算一般。又查，沙孟海先生《印学史》第二十九章，说到明末清初"三部集体印谱"，其中的第三部，汪启淑"乾隆十年（1745年，汪氏年仅十八岁，笔者按。）辑成《飞鸿堂印谱》五集，每集二册，共四十卷，凡收录各家篆刻四千多方。以上三家集体印谱，都是他们辑存的当代各家主要是为他们自己刻的作品，可谓洋洋大观（汪启淑生平所编辑的印谱有二十七种之多，并辑著《续印人传》行世，尤其难得）……"[3]。循着这些线索，再查，清代乾隆年间汪启淑编《飞鸿堂印谱》[4]，收入周芬印蜕达一百四十五枚之数！借用"中国美术馆网站"点评："周芬的篆刻反映了清代中期印坛的普遍风气，因而作品在形式和技巧中都具有多种面目的特点，其作品所刻词句多隽永可诵，章法布局亦稳妥从容。"

回到舍下之本藏。此印面为朱文，材质系较难奏刀的象牙，边

[2]《中国历代闲章集粹》，王义骅编，浙江古籍出版社，2009年。

[3]《印学史》，沙孟海著，西泠印社，1987年，138页。

[4]《飞鸿堂印谱》（全四卷），汪启淑编，人民美术出版社，2011年。

款为周氏典型风格的双刀行楷；印面布局安排、刀法应为晚岁风貌，功力老辣，可称精品。

但是，关于周芬以及本藏，还有不少疑惑：其一，周芬的生卒年月。据有关记载，周芬亦有著述《缪篆分韵》《说文义证》《晚学集》等刊行，经查，原为清中期山东曲阜人桂馥所作，网上却广为谬托流传。然而周氏能被汪启淑所器重，可见其并非普通匠人。爬梳史料，得知周芬"客汪启淑飞鸿堂数年"，那么，汪启淑，就是一个绕不过去的关键人物。查《印人传合集》总目录，前言有云："汪启淑（1728—1800），字慎仪，号秀峰，又号刘莽，号讱蓉，自称印癖先生，安徽歙县人；久寓杭州，与丁敬、金农友善。家有开万楼，藏书逾万卷，尤酷嗜印章，……又编辑《飞鸿堂印谱》《汉铜印存》……印谱等二十多种。《续印人传》是以《飞鸿堂印谱》所载作品的印主为主要线索，考其印人行迹、性情、艺术技巧及师承关系等。……" [5]

《印人传合集》有周兰坡小传："周芬，字子芳，号兰坡，浙江钱塘县人也。家素业工技，芬生而凝重，虽处阛阓，好读书，近笔墨，其父兄因附邻塾习儒业，惜不遇名师，迄无成。弃而学铁笔，试奏刀辄与法合，似有夙契者，不数年其技大进。……予与其兄望衡对宇，故识芬最早，……予出所藏前贤印谱百馀种示之，乐而忘归，下予飞鸿堂榻者数载，临摹揣习，废寝忘餐，工致苍老，遂靡不能，其仿古尤逼真，毫发无爽，署款亦苍秀工谨。制钮颇别致雅驯，人乍见，多笑其肥硕粗笨，而细玩则极见思致。兼善造巧样锦匣，装潢册页，日久平正如故。镌砚铭最得古法，迥异辈侪。与人交久而能敬，予相处几四十年，未一龃龉。卒年七十有八。子咸，字启贤，

[5]《印人传合集》（全二册），于良子点校，浙江美术出版社，2014年，3页。

能世其业焉。"[6]

汪老先辈也真是粗心，近四十年的交往挚友，为其作传，字里行间透着厚谊深情，却只称阳寿，未提生辰；留给后世各家关注者，多费疑猜，或只好称之"不详"了。但是，区区还是心有不甘，想试着考证一番，稍稍弥补我辈关于周芬其人"活动于乾隆年间""生卒年不详"之遗憾。

自称"印癖先生"的汪启淑，生于雍正六年（1728年），《中国印章艺术史》记载："安徽歙县人。住江苏娄县、浙江杭州等地。他家事业盐商，故为大富之家，曾入京官兵部郎中，后回杭州专事刊印印谱"。[7]

这位汪大人，确是有些另类，用广东话讲：十分"有料"。弃正五品京官不做，"下海"回到基层，不计成本"搞文化事业"，用他自己《飞鸿堂印谱凡例》中的话："印谱非特为文房赏玩之品，六书元本，于小学大有裨益。缘是不惜赀费，咸用硃砂泥、洁越楮、灯烟墨、文锦函以装潢之，非与射利者可同日语也。具眼谅能识之。"[8]两百多年过去，汪氏之行为，今天看来，还是教人感叹不已。

既然是当作事业去做，就必须有"团队"。而周芬，"仿古尤逼真""制钮颇别致雅驯""兼善造巧样锦匣，装潢册页……"用现在的话来说，属技术全面的"复合型人才"，应该是团队中重要之一员，所以，汪氏为其《传》中才会叹曰："予相处几四十年，未一龃龉。"问题是，周芬为汪氏"服务"近四十年，"卒年七十

[6] 同上，140页。

[7]《中国印章艺术史下》，刘江著，西泠印社，2005年，382页。

[8]《赖古堂印人传·飞鸿堂印人传》，清周亮工、汪启淑撰，印晓峰点校。华东师范大学出版社，2009年，212页。

有八"，具体为哪一年？

从本藏与另一枚馆藏《春夜宴桃李园序》印对比分析，两枚印章落款同为"甲寅春王二日"之"甲寅"推断，如果，这两枚"甲寅"年款，为周芬在世治印的最下限，那么，至迟，乾隆五十九年（1794年），周芬仍健在；而汪启淑卒于嘉庆五年（1800年），享年七十有三，也为下限。也就是说，周芬的卒年，是在一七九四至一八〇〇这六年期间。

其二，关于周氏享年，还有一种可能，系其后人在印谱《传》中后加添刻。据《清初印风》附《清初印学年表》，汪氏乾隆十五年（1750年）撰《飞鸿堂印人传》八卷之时，周芬，应正在"飞鸿堂"里"忙活"。如所称卒年七十八，应为《印人传》编成之年（1750年）的当年，果真如此，以此为基点向前推算，周氏享年七十八岁，那么，周芬则为明末生人，也就荒谬到周氏已近百岁，辈长于汪启淑、更何来周芬落款乾隆"甲寅"之印？再有，汪氏刊刻的《印人传》，后曾经嘉庆年间顾湘（1829—1880）辑选编成《篆学琐著》，更名为《续印人传》；再经聂际成、鞠履厚等补刻；更有一条线索值得重视，周芬之《传》中，其子周启贤亦是承父业之印人，且《飞鸿堂印谱》当中，周启贤所治之印，亦收录几十数；或由周启贤提供其父享年于顾湘，再编刻成《续印人传》，也是大概率的可能。总之，周氏得寿"七十八"为确定之数，如再无新的发现，周芬刊刻印章纪年款晚于本藏及馆藏的，则周芬殁于乾、嘉之际六年之间，而不是《印人传》初刊本的乾隆朝早期。

其三，"上博"藏《春夜宴桃李园序》之印，与本藏边款均为"甲寅春王二日"云云，何谓"春王二日"？遍查广为引用《桃李园序》周芬之印的专业书籍、网站，均对"春王二日"语焉不详；笔者浅见，到目前，亦未见考证记载。

几年前，读葛兆光先生学术史随笔，有一段话："其中特别值得注意的就是这篇文章小序后的署名与日期，在现在通行的《观堂集林》卷九中，署的是'丁巳二月'，这是用中国天干地支简单标志1917年，但是在手稿中却是'春王二月海宁王国维'。他用了一个古代标志正统的象征，来表白对于旧时王朝的认同。"[9] 笔者马上联想到，"春王二日"与"春王二月"是否同义？葛教授说的"一个古代标志正统的象征"，"象征"的什么？无缘得识葛先生，不敢唐突、辗转讨教。

但是，几年里，"春王二日"，始终盘桓心中不去。《古代天文历法讲座》、道教相关著作，《中国远古时代》乃至《左道·中国宗教文化中的神与魔》等等，翻读一过，均不得其解。就在昨日，整理此篇旧稿，忽然想到南京大学周晓陆教授，遂冒昧持之以求救、询教，周先生即电告："你看一下《公羊传》，第一句，是解释'春王正月'的……。"周先生大方之家，手到，即解吾多年之"病灶"。在下亦惭愧，读书不精，偏于泛泛，正所谓"书到用时方恨少"。

查《春秋公羊传》："元年，春，王正月。元年者何？君之始年也。春者何？岁之始也。王者孰谓？谓文王也。……何言乎王正月？大一统也。"[10] 据此，发现本藏周芬印、"上博"之《桃李园序》印，边款"甲寅春王二日"竟为同一天！即，乾隆五十九（甲寅，公元1794）年，周芬于正月初二日镌就。

还想再说说印文。"闲居足以养志，诗书足以自娱。"语出《后

[9]《馀音——学术史随笔选》，葛兆光著，广西师范大学出版社，2017年，073页。
[10]《春秋公羊传（隐公第一）》，黄铭、曾亦译注，中华书局，2016年，1、2页。

汉书·梁竦传》：梁竦（公元23—83），字叔敬，自负其才，郁郁不得其意，登山远望，叹息曰："大丈夫居世，生当封侯，死当庙食，如不然，闲居足以养志，诗书足以自娱，州郡之职，但劳人耳……"。这种话，就是今天听起来，也得慨叹此君"且狂且励志"；而印文单择这"闲居""诗书"两句，却是"黄老"意味，"且禅且逍遥"。其中的缘由，后人、后世士子之行藏、儒道释之合流，可初见端倪、脉络。林语堂先生就深悟其中悖论奥妙，曾经调侃说过：向来中国人得意时信儒教，失意时信道教，所以来去出入，都有照例文章，严格地说，也不能算为真正的言志。

一千九百多年前，梁竦及其家族，典型的封建豪门"兴衰剧"，值得说道一、二。

梁竦为东汉思想家、文学家，"少习《孟习易》，弱冠能教授。"后作《七序》，班固见之称道："孔子著《春秋》而乱臣贼子惧，梁竦作《七序》而窃位素食者惭。"可见其学识地位。而其身世，更是了得：父梁统，鼎力刘秀恢复大汉，任宣德将军、太中大夫，封成义侯等；其兄梁松，当朝的驸马爷，娶光武帝刘秀女儿武阴长公主，明帝刘庄时，其兄官至太仆，梁氏一门，可谓典型的皇亲国戚。

可是，造化弄人。公元61年，因为梁松诽谤马援（伏波将军，后世奉之为神。笔者按）、私自请托郡县、"飞书"（匿名信，笔者按）等罪下狱死，梁竦与其弟受到株连，贬谪"九真郡"（现越南中部）等地；到了东汉王朝的第三任，章帝刘炟朝，梁氏家族，又迎来了命运大逆转，梁竦的两个女儿被选入宫，封为贵人。建初四年（公元79年），其女，梁小贵人生下后来成为汉和帝的刘肇（窦皇后过为继子，三年后立为太子）。梁家呢，听闻此喜讯，人之常情，当然欢而庆之，大办宴席宾客；而窦皇后听闻梁家如此"喜庆"，忌惮梁氏从此坐大，也是用了"飞书"形式，诬陷关押梁竦。建初八年（公元83年），梁竦瘐死狱中，宫内的"小贵人"女儿，亦忧愤而亡。

故事"剧情"还没有完。章和二年（公元88年），梁竦的外孙刘肇十岁登基龙廷，史称汉和帝，窦皇后自然升为皇太后，临朝听政，由此，开东汉窦氏外戚专权之先河；和帝虽幼，当得知身世真相后，"仇恨的种子要发芽"，永元四年（公元92年），年方十四的汉和帝，在宦官协助下，软禁窦皇太后，全面铲除窦氏外戚；永元九年（公元97年），窦太后亡，皇帝刘肇遂大张旗鼓，为外公梁竦平反昭雪，追封其为褒亲愍侯，追尊生母为章帝梁皇后，谥曰恭怀皇后。再后来，梁竦的两位曾孙女，一为顺帝刘保皇后，一为桓帝刘志皇后（后被废）……

东汉享国一百九十馀年，历十四帝，梁竦家族涉一百三十年，先后七代、十五人封侯；三位皇后、六位贵人；两位大将军，任卿、将、尹、校官职五十馀人。可最终，延熹二年（公元159年），因其曾孙梁冀"跋扈"专权，毒杀质帝，被汉桓帝诛之，并灭其族。梁氏一门，命运起伏、欢悲之跌宕，不可谓不"竦（悚）"！

由此，归结到本藏。梁竦之语，前一句："大丈夫居世，生当封侯，死当庙食（按，供人敬奉）。"可以说，壮志凌云、其志可佩；而后世文人，多择其后一句"闲居足以养志，诗书足以自娱"，就像本藏周芬雕的"三狮"（三思）印钮，大过于印身之半，有深意。

二〇二〇年四月十三日，于珠海半山居南窗斋改定。

# 谭印·十章之三：

## 瞿中溶黄杨木套印

瞿中溶（1769—1842），字木夫，又字镜涛、苌生，晚号木居士、木夫老人等，江苏嘉定（今上海）人。清代乾嘉之际著名学者，入《清史稿·列传·文苑》："为钱大昕女夫。尤邃金石之学。官湖南布政司理问。"《印人传合集》又载："善花卉，在白石、青藤间。行楷学六朝，篆隶有法度，刻印得汉人神髓。"

瞿氏以诸生、捐官、从六品官湖南地方之身而入清史"文苑"传，可见其学术成就、地位；又以学者身份入载《印人传》，得"业内"高度认可，曾自谓："白文不如陈鸿寿（曼生），朱文则过之。"自信满满，可知其功力雅健。

坊间俗称的"清三代"，系康、雍、乾三朝。其"文字狱"案之风愈刮愈烈，尤以乾隆朝为炽。

至今，民间还有流传："清风不识字，何故乱翻书？"因"清风"二字有影射之嫌，官家即可问罪，结果简单得很，砍下你的脑袋，甚至株连。由是，绝大多数的大臣兼学者、文人、士子慑于此，转而埋头于"故纸堆"，所谓"避席畏闻文字狱，著书只为稻粱谋"。逃避现实，不涉时事，弄起以汉儒古文经学为中心的训诂，用于古籍整理和史学、音韵、天算、水利、典制、金石、校勘等等；考证原委，辨物析名，梳文栉字，条理阐发，后世讥为"繁称杂引"。

政治高压下，学者们的无奈之举，却对中国古籍和史料研究、整理做出极大贡献。此问学之现象，因兴起于乾隆、嘉庆年间，故称"乾嘉学派"，又称"汉学""朴学"。瞿中溶，就生活在乾嘉之学兴盛的这个时代，其岳父钱大昕，即为乾嘉学派的代表人物，被称为"通才通儒型、百科全书式的学术宗师"。

瞿中溶的学问，当然比不上岳父。然"后学诸儒，分其一节，皆足名家"。瞿氏自叙受钱大昕影响："中溶随侍甥馆十三四年，亲蒙先生指授。闲尝撰仗从游，所过山崖水畔、黉宫梵宇，得一断碑残刻，必剔藓拂尘，摩挲审读而后去。其好殆至老而益笃云。"此后，瞿中溶"富收藏，精考证，融通淹雅，于金石之学尤善。"也就顺理成章，但是，其"金石学著述颇丰却流传不广"。（陈殷识《瞿中溶金石学研究》）

据其自撰年谱记载，瞿氏虽著述勤且多，惜大半未及刊印，今已不存；尚存世者，多散见于地方志、文编、丛书等。而关于玺印的研究，有《集古官印考证》等存世，即为丛书所收。

是书以印证史，"其旨重学问而非供赏玩，对后之古印考证之学有开拓作用。"（《历代印学论文选》，韩天衡编订。）孙慰祖先生更称誉其："建立了玺印史料学研究的典范。"（《中国印章：

瞿氏不仅是学者，由金石学延伸至玺印学研究，进而以"刻印得汉人神髓"的实战派身份跻身《印人传》，可见其才情广博。本藏可以为证（如图）：

图一：为黄杨木套印印身，直圆桶型，上作瓦式钮，钮下即为一印；桶壁两侧，分别挖空、嵌入一印；底部则为圆形主印。造型奇巧，木质包浆温润

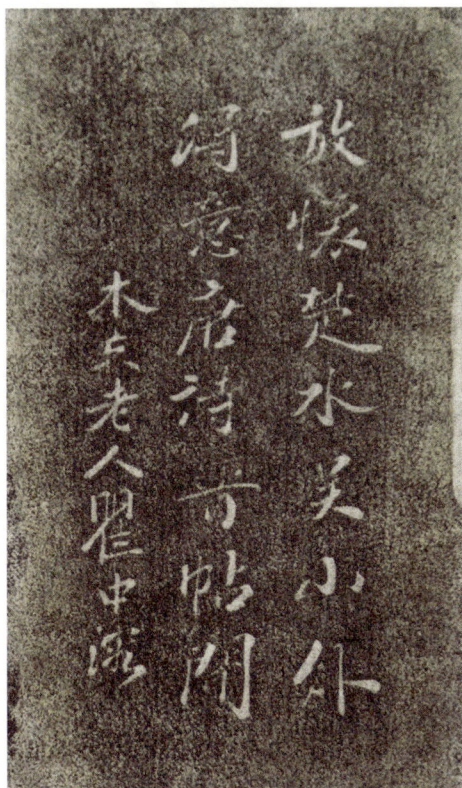

图二：为边款（拓），亦为圆印
印文及款识："放怀楚水吴山外，得意
唐诗晋帖间。木夫老人瞿中溶。"

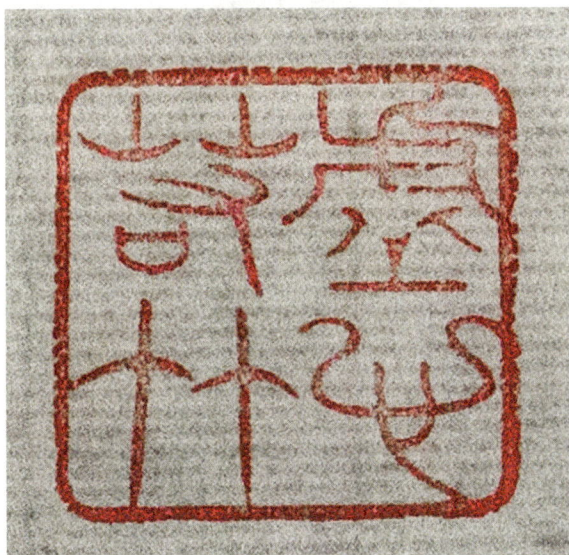

图三：为印身顶部瓦钮下
玉箸篆朱文印："虚心若竹"

161

图四：为印身两侧之一，白文印："琴边鹤外"

图五：为另一侧朱文印："观梅放鹤"

图六：为底部主印，印文亦为圆朱文："放怀楚水吴山外，得意唐诗晋帖间。"

印文"放怀""得意"云云，语出陆游《出游归鞍上口占》诗的颔联；"虚心若竹"，则由王羲之《兰亭集序》中集字联："清气若兰，虚怀当竹"化出；"琴边鹤外""观梅放鹤"，典出北宋隐逸诗人林（逋）和靖，其一生不娶不仕，以梅为"妻"，以鹤为"子"，后世有"梅妻鹤子"誉之；或出典苏轼作于吾乡彭城之《放鹤亭记》中："清远闲放，超然于尘埃之外。"

此套印颇具匠心，较为少见；一而为四，印文相互关联，单枚印文亦可品读，细细咀嚼，于其中，可感印主志趣、雅兴与惬意。

四枚印中，仅一方白文印，其馀三方均为圆（按，亦称元）朱文，瞿氏自许擅长"朱文则过之"者也，观之不谬。

关于"圆朱文"，陈链《印说》："元赵松雪善作此体，其文圆转妩媚，故曰圆朱。要丰神流动，如春花舞风，轻云出岫。"沈乐平编《历代元朱文印精粹》导论云："无论是从印章美学史的角度，还是站在印学发展史的立场，元朱文印都是一种非常有意思的典型——作为一种独立的风格样式，在整个印学史中占有特殊的地位，是文人印产生至今的主流之一。"

瞿中溶的这方套印，仅从这枚圆形多字印的章法、字法、刀法、线条组合编排去体味，可以感受到节奏、律动；像是清风，徐徐掠过湖面。值得顿首再拜。

此印得于湖南长沙一藏家，"木夫老人"瞿氏曾为官、为学之地。

# 谭印·十章之四：

## 任淇竹根镌寄语

　　任淇是晚清画家、篆刻家，是著名画家任熊的族叔。寓沪甚久，时称"海上五任"（任淇、任熊、任薰、任颐、任预），惜传世作品绝少。画有《送子得魁图》《樱姹丹源图》等传世，《送子得魁图》现藏浙江省博物馆，设色绢本，为摹仿陈洪绶（老莲）之作；"五任"其中之一者任颐，即后来有出蓝之誉、博得大名的任伯年，为任淇族孙，早年师法亦是陈洪绶，精于写像；后取法陈淳、徐渭、朱耷写意，尤擅花鸟，与吴昌硕、蒲华、虚谷并称"海派四杰"。

　　任淇同时还是一位篆刻家，《印人传合集》记载："任淇，字竹君，号建斋，萧山人。精篆刻，金石、竹木无不擅长。"《传》中却无生卒记载，翻查了很多资料，所获还是寥寥。生年不得其详，只查到其卒年，为咸丰十一年（1861 年）。

历史上，许多的艺术家只留其名，不知生年、得寿；更多的，则淹没沉寂于历史长河底里。封建时代，究竟不如科举入世，弄个一官半职，从而光宗耀祖，也容易留下一些雪泥鸿爪。古时，"正途"，就是学而优则仕，如果再喜好弄点水墨"艺术"，或著述刊刻成书，多染点儿"文气"，也就是所谓的功成名就。别的，基本没有法子可想。

　　本藏为竹根印（如图），任淇镌于晚年，去世的前五年。

图一：为竹根印身。截取毛竹老侧根一段，经一定时间复杂防蛀等处理后，方可用作印材

图二：边款（拓）："丙辰孟冬月，竹君任淇制"，查，丙辰为咸丰六年（1856），孟冬即为农历十月，初冬时节

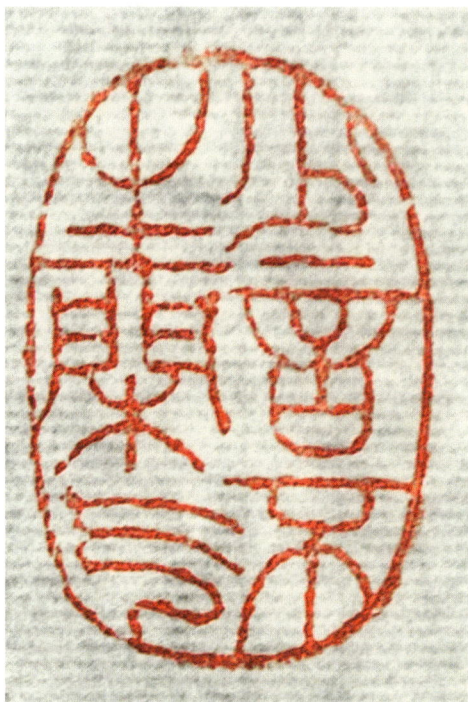

图三：朱文印文："少言不生闲气"

"少言不生闲气"，貌似家常俚语，实则有其出处，典出《兰亭集序集字联》，其下联为："静修可得永年。"这语气和心态，不到一定的年岁，是不容易体悟到的。

"少言"，是不想说、懒得说，还是言多必失、说而无益、反生"闲气"？"静修"可为，"永年"则未必，因为，主客观的因素太多。

人生有涯，却是分成不同阶段的。简单说：所谓生、老、病、死是也；如若幸而能步入晚境，沧桑风云过后，少言、静修云云，是进入另一番境界："宠辱不惊，看庭前花开花落，去留无意，望天上云卷云舒。"趋于淡泊、平和。至于，红尘嚣嚣之下，各种各样的诱惑，有几人，能气定神闲，若老僧一般入定？佛道说法：看修为。凡俗中人，天知道。冀望而已。

以竹根为印，比较特殊、也比较少见。出现于明清之际，再早则无据可考。竹根材质纹理粗粝、质地涩坚，难于奏刀，尤以朱文印为甚。竹子、竹根江南常见之物，乡野而且价廉，房前屋后，随手可得。文人、篆者为何以此入印，自己难为自己？想来，与我邦的竹文化、玉文化相关联。

竹与玉，古时很早就已经人格化；以竹喻人，以德比玉，可谓妇孺皆知。关于竹刻，笔者在《文房怀雅数竹刻》中已有絮叨，在此不赘。《印人传》中称任氏："金石、竹木无不擅长。"细细参详此印，可知不谬。但在清代，比任淇更早的书画、篆刻家潘西凤（老桐）、如皋人乔林等，似乎更为著名；乔林作为专业印人，"篆刻多竹根章"，这与乾嘉之际，各种工艺追逐材质贵重奢华、极致富丽、精巧的装饰之风，明显是一种反动。

以朴拙为美，略加打磨成型，竹根上面的"须"或"须眼"历历，天然之美，清雅之趣，不由得教人作品格之拟，引山林之思。

这类的印章，因保存不易，较之其他材质，传世稀少。可是，到底是皇家，故宫博物院藏有二十三枚，甚至，有咸丰皇帝的印。

167

# 谭印·十章之五:

## 王尔度之雅怀

王尔度(1837——1919),是晚清民初的书法家、篆刻家,主要活动于同治、光绪年间。

他是乾嘉时期篆刻家、书法家邓石如(完白山人)的"铁杆粉丝",邓派篆刻的忠实传人。《印人传合集》有传:"王尔度,字顷波,暨阳人(现江苏江阴)。篆书刻印一以完白为宗,尝摹仿邓印为《古梅阁印赚》,丝毫无间,张玉斧屿为双钩边款,摹刻于木,时称双绝。"其印师法邓氏,印风工稳,雍容而秀美、精致。

本藏之印(如图)得于日本一小型拍卖会,混在一堆杂七杂八的印材、砚台、墨锭等当中,不拆零,只好一起拍下,所幸花费不是太多。

图一：为印身，寿山柳坪石类，上雕双角辟邪钮

图二：为边款（拓）："己
巳水春月，江阴王尔度篆，时寓
姑苏凤皇乡。"

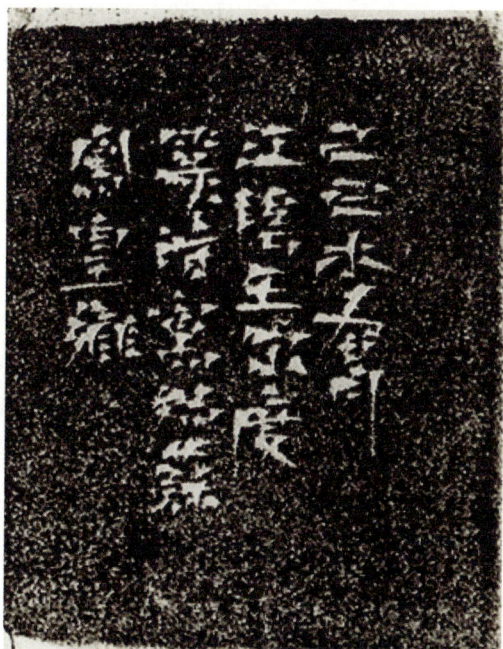

169

图三：为朱文印文：赏心
乐事

查"己巳"为清同治八年（1869年），时为春季，王尔度客居
苏州所作。印文"赏心乐事"出典甚早，为南北朝中国山水诗鼻祖
谢灵运，《拟魏太子邺中集诗八首序》中曰："天下良辰、美景、
赏心、乐事，四者难并。"《中国印章：历史与艺术》（孙慰祖著）
中载录王氏一方印，印面亦为朱文：养闲草堂；两枚印边款内容相同，
唯彼款为典型的"邓派"篆书。

古人"养闲""赏心乐事"云云，大多是"书生"情怀，是为
儒道之修身养性也；所谓"达则兼济天下，穷则独善其身"，追求
将庸常生活艺术化，讲求生活艺术的种种细节，趋向关注内心精神
生活之充盈。较之百多年后的当下，我们的精神生活却显得粗陋，
虽然大家几乎都是"读书人"。

社会发展到了今天、城市化，足不出户，有手机，有电脑电视，便可知天下之事，各种的"八卦"；各式"派对"聚会、"卡拉 OK"、旅游、麻将牌局；各式美食，快递、外卖送到家门等等，工作、生活排得满满当当。

但内心，却难得能静下来。浮躁，甚至各种的纠结焦虑；交游交往，多为名利；有空或抽空，忙于手机刷屏，却难得翻翻闲书，或是坐下来，身心放松，发发什么都不想的呆；客观、公允地说，教人是很无奈。因为，身边左右，各种的攀比、各类广告引导下的生活，让你像一只无形之手抽打下的陀螺，怎么都停不下来。

而古人，固然有传宗接代、修身治业、居产贡纳、礼仪纲常、入仕治平、封疆辅国等等之"重大事务"，但是，"我们越是深入到古人的生活世界之中，就越是发现那最普遍、最令人亲近的便是他们充沛、丰富的感受性事实，以及在此基础上更趋于精神化的性灵。一种与理性、功用相拒的、感受层面上的性灵，是古代中国人最特出的精神品貌。"（《东方闲情》黄卓越《快乐的光阴代序》）。

古时文人，所谓的"养闲""赏心乐事"，说来也简单，在人际的"功业"之馀，大多相去书斋（房）不远：或墨戏自娱、寄意，或嗜诗赋词、博物金石玩好，或花木雅趣、清茗悠韵，或携琴访友、焚香手谈，等等，此等赏心乐事，"所出的快乐，则是生命本体自身的欣赏与钟爱，进一步，它又是一种征服时间的最佳方式，正是在世用行为抛锚的地方，才开始了人生的意义。"（按，引同上）

当然，我们也不必把古时文人之生活想象得那么风雅、浪漫。低俗一些的评价也很不少，晚清就有人调侃总结书生、文人之"大事"："金榜题名时，洞房花烛夜。""纳房小，取个号，刻部稿"。语虽刻薄，却也言言中的。

　　社会当然是进步了，主要的，还是体现在科技方面、物质生活极大丰富层面。而精神层面，却是远远没有同步。功利而且粗糙。晚清"怪杰"辜鸿铭著《清流传》，猛烈抨击"欧洲现代物质主义文明的毁灭力量"，多有偏颇之语；但是，一味地追求物质主义，金钱至上，豪宅、名车，各类奢侈品牌，等等，也确是需要反思。

　　笔者自问：能数出来何为赏心乐事吗？可能，数不胜数，没有尽头；也可能，是"快餐"式的，一时之满足。

# 谭印·十章之六：

## 黄牧甫的赠别

　　三十多年以来，清末的黄牧甫名声愈来愈大。尤其是在篆刻界，对其评价、艺术上之定位等，也逐步达成了共识。近十多年，收藏者（家）也加入了对黄牧甫印章、字画、书信资料等遗存的收集整理、研究，其印谱、流派印风、传记、经典印作技法解析、书迹图证、交往考略等著述频出，成果颇丰，俨然已成显学。

　　黄牧甫，名士陵（1849—1909），牧甫为其字，以字行；又作牧父、穆甫，晚年别署黟山（主）人、黟山病叟、倦叟，室名蜗篆居、古槐邻屋等。安徽黟县黄村人。

　　其实，稍晚于黄牧甫的晚清、民国的篆刻家、书画家、文人、官僚等，早已关注黄牧甫在篆刻方面的成就，尤其在岭南、广东地区，拥趸众多。如：傅抱石、黄宾虹、乔大壮、邓尔雅、沙孟海等等，都曾给予很高的评价,甚至如邓尔雅、学者乔大壮(曾劬),心慕手追,成为私淑弟子。黄氏当年,其主要行迹,工作、创作、生活在广州,并有多名入室弟子;故早年的影响也就主要局限于两广及港、澳。据说,"抗战时期,广州的敌伪官员酷爱黄牧甫作品。有一位汪姓者,投其所好,做了二百多方黄印,既有摹刻也有创作,水平非常之高。"(陈茗屋《苦茗闲话》)

黄牧甫,少年家道中落,没能参加科举,也无钱"捐官",也就没有"功名",一介布衣。用他自刊印"末伎游食之民"及边款的话:"陵少遭寇扰,未尝学问,既壮失怙恃,家贫落魄,无以为衣食计,溷迹市井十馀年,旋复失业,湖海飘零,藉兹末伎以糊口……"。可是,他有着勤奋向学、执着的韧劲儿,再加上机遇,最终,在篆刻史上,于浙派、徽派之外,成为另一开宗立派者——"岭南派"或曰"黟山派"开山领袖。与吴昌硕一起,在晚清,双峰并峙。

直到今天,正如《黄牧甫流派印风》编者李刚田先生所云:"黄士陵的作品所表现出的丰厚内涵和广阔的包容量,许多印人得以从中直接受益,又缘于黄士陵创作观的开放性,许多印人又从其创作方法上得到启示。"这是指对篆刻界的贡献;而作为普通鉴赏者,感觉"黄士陵的篆刻意古而貌新,意雅而形美,其气息迥别于前代及同代印人。

加强印面的绘画性效果,加强作品平面构成对审美第一观感的冲击力,这可以说是现代篆刻艺术的一个重要特点,黄士陵在不失古典之美与文人的雅致之美的同时,在章法上具有新的形式之美,从而成为与当代篆刻相衔接的印人。"

古雅,亦有创新,而且贴合了审美的时代性。这可能,就是黄氏篆刻拥有众多"粉丝"的根由罢。

一个人的成功，少不了机遇。说到黄牧甫的机遇，一个长在安徽黟县山村里的孩子，因家境贫寒"少年鬻艺南昌"，又因机缘到了广州；再因篆艺结识广州将军长善及其子志锐，得赏识，推荐入北京国子监学习工作近三年。其间，视野大开、印艺大进。后又被两广总督张之洞、广州巡抚吴大澂纳入视野，招回广州入至幕府，"尽窥所藏鼎彝玺印"；并在广雅书院、广雅书局主持经籍校勘等，其篆刻艺术风格得以确立、成熟，可以说，是走向辉煌的高峰期。

本藏即为这一时期的作品（如图）：

图一：为印身，印材可称硕大，为透明无色水晶，内含冰裂及少量絮状物，印钮与印身等分，为圆雕蛟龙出海

图二：为边款拓，"庚子三月，黟山主人士陵刻。"

图三：为"腰圆"型
朱文印，"只愿无事常相见"

印文语出诗圣杜甫《病后遇王倚饮,赠歌》句:"但使残年饱吃饭,只愿无事常相见。"

笔者私见,之所以将此印认作是赠别之作,关键依据是边款日期及印材。先说边款"庚子三月",庚子,为公元一九〇〇年,光绪二十六年,黄牧甫(士陵)时年五十二岁。这一年,是黄氏第二次入穗(1887年)近十三年后告别返乡之年。关于黄牧甫返乡年、月,有不同说法:黄耀忠著《黄牧甫旅粤书迹图证》执一说,为一八九九年秋;唐存才著《黄士陵》则为一九〇〇年(按:校印误,改。);晨欣(程新)著《宝牧斋随笔》则确定说,为一九〇〇年五月;戴丛洁著《黄牧甫与王秉恩交往考略》中则持:"直至光绪二十五年(1899年)秋,离粤回到安徽。"戴氏还有一说,却又在是书的《黄牧甫年谱长编》中"光绪二十六年(1900年)庚子,五十二岁"项下载"是年黄氏由粤归黄山,黄宾虹得以拜见,如旧相识,获观黄氏所治印章。(见黄宾虹《黟山人黄牧甫印谱叙》,原刊一九二六年《艺观画刊》第一号。)",前后明显相互矛盾。众说纷纭,莫衷一是。

那么,就来看看,戴先生引征的黄宾虹到底是怎样说的:"吾宗牧翁家于黟,客游于粤。庚子北扰,南方震动。余往黟,偕邦人谋守羊栈岭。牧翁时由粤归黄山……"云云,此中的"庚子北扰",系指当年(1900年),义和团运动、八国联军于五月二十八日发动的侵华战争;"南方震动",则由于路途遥远,通信工具的限制,消息或文书传导至"南方"民间,则应该在六月上旬左右;"牧翁时由粤归黄山",也就是说"不久前",或起码可证在"庚子"这

177

一年，黄牧甫返回了故乡。

又据戴丛洁先生《年谱长编》这一年的第四则："清明，刻白文印'去亲为客'，款曰：'庚子清明，上墓归，倦极欲睡，适亲串自外村来，坚索奏刀，盖欲观陵奏刀也，勉作此以餍其所欲。牧甫并记。'"此印及边款，亦编入其他印谱，可资证明，这一年的清明节，黄氏于故里祭奠扫墓。

再查该年清明节，农历为三月二十一日、公历为四月五日，也就是说，黄牧甫归乡的日期，最晚为一九〇〇年的四月五日。这里需要解释：古人多用干支、农历记年、月，后人常常需要换算成公历。到了晚清，西风东渐，由于农历有闰年、闰月，而清明节气，祭祖事大，要求日期务必确准。故唯独"清明节"采用《时宪历》中阴阳合历的"阳历"，官家、民间莫无例外。

再说说印文："只愿无事常相见。"许多篆刻家亦有此作，当然不能认定是为赠别。而这方印章边款的日期、材质及印文，却让笔者端详摩挲之馀，不禁推测，此印章应为黄氏决计归乡之前（农历三月初），于广州所作。作为牧翁之"粉丝"，合理推测的理由也很简单：黄牧甫少年离家，终究一介布衣，"乞食"于异乡三十馀年；"庚子"，黄氏已过"知天命"之年，且为"病叟"；加之晚清社会、政治风雨飘摇、混乱黑暗，在粤谋生愈发不易，遂自号"倦叟"，已有归老林下之意；是年前后，黄氏已开始"拆银两千两"，在家乡故里翻建、新建归根之所，祈望安老乡梓，"但使残年饱吃饭"。

而印材所用之水晶，纯度极高，可以"冰清玉洁"形容，在晚清的广州，甚至比象牙都珍贵，且镌刻难度更高；例来篆刻家收取润例除石质印材之外，牙、角、竹木、玉、晶、铜、瓷都是加倍收取，黄氏也曾自书润例，将印材形状"腰圆、圆"等也列入其中，可见印主选材不吝钱赀、加之印文的拳拳情意，教人不由作此猜度。

至于边款字体，也是黄牧甫少见的行楷。取法双刀勾勒，呈现浓厚书法之笔意，这大概，是由于水晶材质硬而脆决定的；"黟山主人"则较黄氏惯常落自号"黟山人"多一"主"字，为笔者仅见，似乎也有定居故里、归根家山之寓意。

附带还想再说几句。这枚水晶闲章落款"庚子"，今年又恰逢庚子之年。历史，整整走过了一百二十周年。

一百二十年前的五月，八国联军侵华，攻占紫禁城、火烧圆明园、杀人、抢掠、割地、赔款等等，致使中国彻底沦落，任人宰割。这段历史，我辈中学课本里学过、读过。

仅从文物收藏散失角度，笔者还翻阅过由外国人撰写的"庚子事变"，以及此后关于我国文物命运的相关书籍：日本学者富田升著《近代日本的中国艺术品流转与鉴赏》，他将中国文物去了日本，称为"流转"，而实际上，其书中也承认，并有清单、列表，许多许多的文物，是庚子年日本人的掠夺；美国的两位学者、记者卡尔·梅耶、谢林·布莱尔·布里萨克合著《谁在收藏中国》，也是记述中国文物流失百年的纪实，并获《华盛顿邮报》年度最佳非虚构作品奖。其中有一小段，记录在北京建于一九〇五年的六国饭店，在专门为外国人修建的、供他们聚会的场所："美国作家艾伦·拉·莫特对那座饭店进行了描述，称其是'世界上最有意思的酒店'，各国在那里'碰头'、交往、共同研究，打算互相'搞'也一起'搞'中国。"……

"八国联军"是统称，百馀年过去，有不少的人，区区如我，

179

已记不清楚具体的国家。抄记如下，以备忘却，他们是：

　　大英帝国、美利坚合众国、法兰西第三共和国、德意志帝国、俄罗斯帝国、大日本帝国、奥匈帝国、意大利王国。

# 谭印·十章之七：

## 陆恢雕刻牙牌印

　　陆恢（1851—1920），在晚清、民国初年的画坛上很有名。为"海上画派"大名家，吴门画派重要的传承者、领军人物，时称"江南老画师"。

　　彼时，上海属于远东第一大城市，商业巨都，用时下的词，叫改革开放之前沿。各类前朝遗老、"寓公"、各国冒险家、国内资本家、投机者、打工者，以及文人、书画家等云集沪上。华洋移民杂处，文化多元，是个大码头。

　　书画家们，也有各种各派的组织。公认著名的"萍花书画会"中，吴石仙、吴大澂、顾若波、胡公寿、钱慧安、倪墨耕、吴秋农、金心兰、陆恢等被誉为"萍花九友"。黄宾虹在《近数十年画者评》中云："时九友中，以吴江陆廉夫得名最早，山水宗四王，渲染尤能通肖。晚年寓沪滨，一志廉州（王鉴）、清晖（王翚），务极精能。"陆氏在这个"大码头"上立稳了脚，为国画"清六家"其后的传薪者，堪称吴中一代大家。

陆恢原名友恢，一名奎友，字廉夫，号狷庵、狷叟、破佛庵主、话雨楼主。原籍江苏吴江，后客寓上海。光绪十八年（1892年）至二十二年（1896年），分别入吴大澂、张之洞幕，得游三湘、辽东等名胜，得窥两位清末大员、大收藏家历代名画真迹，视野洞开，艺事亦为之大进；张之洞署理两江总督时，集海内名家补绘元王恽所进《承华事略》，即为陆氏主理其事。

清末民初之际，陆氏来到上海。此时，在这个商业重镇，"大贾贵于王侯，卿相贱同厕役"，陆氏又近洋务买办、红顶商人盛宣怀，经手整理其藏字画；后驻"南浔四象"之一、沪上字画收藏大家、称雄东南的庞莱臣（虚斋）府邸，"掌眼"、协同编辑出版《虚斋名画录》，其中著录凡宋元明清书画五百馀件。所历既广、所览名迹，裨益其画艺，直追元、明、清初先贤。

陆氏以继承传统"四王"，并将吴门派、松江派画法融合出新而闻名。而于铁笔篆艺，则少见记载。本藏（如图一、图二）象牙牌状印，可识见其另一番功力面貌、神韵。

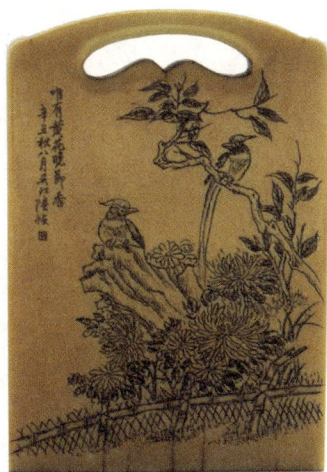

图一：为象牙牌印之一面，浅雕竹篱、秋菊、山石、枝丫并两只寿带鸟；并题："唯有黄花晚节香。辛丑秋八月吴江陆恢。（下拟方章'陆''印'）"

图二：为牙牌印另一面，复刀镌刻诗文："秋满篱根始见花，却从冷淡遇繁华。西风门径含香在，除却陶家是我家。"款识为："沈周《咏菊》绝句，辛丑秋八月，陆恢。（下拟二方章"廉""夫"印）"

183

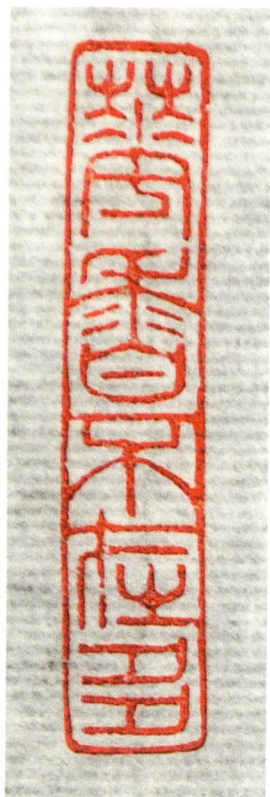

图三：为篆体朱文印面"花香不在多"。
印章选材为象牙牙尖部分，通高7厘米，宽5厘米，
径（印面）1.0厘米

综观此印，用铁刀在象牙上镌刻，专业印人，也是要多收费用的（润例）；身为画家，画面布局没的说，可是，以铁笔代毛笔，手下之功夫区别，就差得不可道里计。况且，在如此之小的牙面上作画然后落款，可说是微雕了。落款为辛丑，清光绪二十七年（1901年），陆氏已经六十一岁。

印文"花香不在多"，语出擅长墨笔兰、竹的著名画家郑板桥。现在的镇江焦山别峰庵，存有其对联手迹："室雅何须大，花香不在多。"

陆恢是见识过大场面的人。作为艺术家、鉴赏家，经手、过眼书画剧迹无算；选择不太称手的刀，镌刻于非纸的牙面，其非擅长，却知难而为，想来定有思量。在牙牌两侧，费了那么大的心力，也只能算是边款；所录诗文，系明代绘画大师、后世尊为吴门画派始祖沈周的《咏菊》诗，陆氏以图配诗，以"梅兰竹菊四君子"之霜菊孤傲标示，托物寄情，以菊自况，可见其晚岁臻于渊穆之心境。

作为这枚印的主体，印文寥寥五字"花香不在多"。

是的，花香何必多。

# 谭印·十章之八：

## 张大千亦善铁笔

张大千（1899—1983），是画家、书法家，现当代画坛之巨匠，其画作享有国际声誉，中外各大拍卖会上，屡屡创下天价之纪录。多年下来，张大千的名字，国人如雷贯耳，耳熟能详。

张氏早年，以中国传统水墨山水、人物、花鸟、工笔重彩等称誉于世；至晚岁，有最具传奇色彩的泼墨大写意著称，其画艺造诣，无所不工、无所不精，蜚声海内外。西方的许多国家级博物馆，都藏有他的作品，甚至是他的仿古之作，被誉为"东方之笔"。

张大千还兼善篆刻，很多人就不甚了了。多年以前（1987年），时任中国书法家协会副主席、西泠印社副社长的方去疾编《大千印留》，薄薄的一册，仅四十馀枚印蜕。

方先生在"作者简介"中评论："张氏……在去敦煌前，还精乎篆刻，初学赵次闲（之琛）流派，后参汉器文字入印，时出新意，境界极高，以后勤于绘画，竟无暇奏刀，故他的作品流传极少。"

本藏之印系张大千为叶浅予所镌（如图一）。承伊葆力先生割爱，也是得自于日本的一次"小拍"。笔者私心宝爱，印文为"一介书生"（如图二）。

图一：印材为寿山吊笕石，又称"豆耿石""吊肯石"，浓墨色，内含灰、红色块及环带状纹理，产量稀少，故不常见

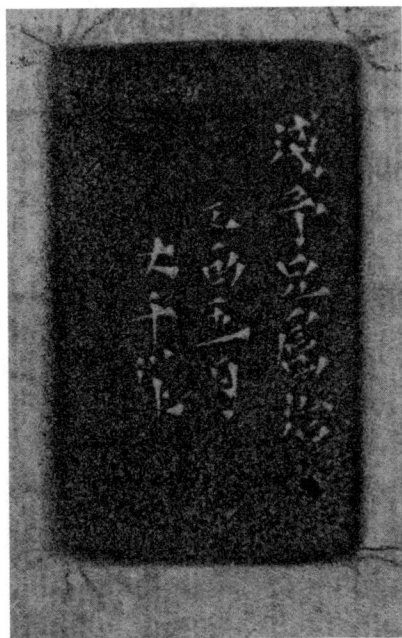

图二：边款镌"浅予兄属治，乙酉五月，大千作。"

图三：为印文"一介书生"，以汉隶入篆，结体、布局与刀法让人称叹

"乙酉"为一九四五年，近代史上极为重要的一年，因全世界反法西斯战争的胜利而载入史册，国人更是难忘。是年的八月十五日，日本天皇通过广播，宣布《终战诏书》，无条件投降。中华民族抗日、救亡，历经十四年的浴血奋战，终于在这一年，赢得了胜利。

这一年的五月，这枚印的主人叶浅予一行三人（另有戴爱莲、彭松），从重庆专程来到了成都。叶浅予在自传《细叙沧桑记流年·向张大千学画国画》中描述："我先写了信给他，他复信表示欢迎，并同意我就住在他家，以便朝夕相处。……我和爱莲先期出发，端午节前到了成都。"在《我所知道的张大千》中又记载细节："我到成都住在他家里，住了两三个月，天天看他画画。……他有个习惯，画画时喜欢旁边坐个人和他说话。……"

叶浅予的胞弟叶冈回忆："浅予一行在成都住张大千家，他们约定同游康定，为了向这位大师请教，浅予在他家从端午一直住到中秋节，仔细观察和揣摩大千居士临池运笔布局的规律，研究他的敦煌画摹本，从中领悟中国画的艺术规则。"

这期间，叶浅予"为酬答居停主人的盛情，特意画了张大千漫画六种，赠给大师。"（《浅予画传——打箭炉》）。其中的两幅落有年款"乙酉"。

关于张与叶的交谊，叶的挚友黄苗子《画坛师友录》中也有回忆："记得一九三五年左右，我同叶浅予、张正宇、陆志庠等从上海到苏州，到网师园去看大千兄弟。在照例的川式大盘烹调饷客之后，大家在客厅品茶……"可知张大千、叶浅予之间的关系，早非泛泛之交。

叶浅予（1907—1995），亦是一位大画家，美术教育家，中国漫画和生活速写的奠基人；曾任中国美协副主席，中央美术学院中国画系主任、教授，中国画研究院副院长等。抗战期间，叶浅予组织了全国文艺界抗敌协会的漫画宣传队，沿长江各个城市宣传抗战；在香港主编《今日中国》画报宣传抗日；在当时的"陪都"重庆，叶浅予还曾为驻华美军"中美合作所心理作战部"绘制宣传画，印成大量传单，供其轰炸机队轰炸东京时，在日本上空散发，以瓦解敌方斗志。

而这枚印章，是何时、从何地、因何故流落到了日本？

推想起来，应该与"文革"期间叶浅予被多次抄家，然后住了三年"牛棚"、再入狱七年相关联；而叶氏最重要的罪名，是曾为"美帝"服务、为国民党效劳。

"文革"结束后，落实政策、"发还抄家物资"，叶氏自传中记载："此时只发还了其中的一小部分，剩下三十三件，声明已在某年处理掉了，没法归还。"叶浅予仍坚持讨要，要求有关方面提供这三十馀件的清单和下落，当时的"北京市文管会向叶浅予提供书画文物抄件", 其中, 仅印章就有十二枚。当然, 叶氏身为画家, 印章相信远远不止这十二方; 更无证据证明, 本藏为十二方之一。或许, 到了二十世纪七十年代初, 中日邦交正常化、中日友好期间, 叶氏之印, 有当年参与抄家的人再释出、售出, 散失流落去了东瀛。

"一介书生", 语出唐代王勃。其《秋日登洪州滕王阁饯别序》曰: "……勃, 三尺微命, 一介书生。"

个人, 在时代洪流大潮之中, 确是微不足道的, 但在民族危亡、救亡之际, 个人, 确是需要挺直脊梁、挺身而出的。张大千、叶浅予这对老友, 就经受住了这样的考验; 抗战胜利后, 二人却从此天各一方。当年, 叶浅予请张大千将"一介书生"镌刻为印, 不料一语成谶。

一九七九年, 党和国家拨乱反正, 用叶氏胞弟叶冈 (1999 年《浅予画传》) 的话: "时过境迁, 理性重新抬头, 庆幸之馀, 想到这些历史的挫折, 而且不止一次重演, 不免心有馀悸。但是, 在历史的长途中, 人类终将摆脱一切妄信的洞穴, 而进入理性的王国。"

这是过来之人, 一介书生, 发自肺腑之言。

# 谭印·十章之九：

## 乔大壮其人其印

　　西哲云"性格即是命运"，确是有一番道理的，比如，用来观照乔大壮先生之生平。

　　乔大壮（1892—1948），名曾劬，字大壮，号波外居士，以字行；《易经》六十四卦之"七：四卦"，为大壮卦，象曰：雷在天上，大壮。其中有"不能退不能遂，不详也。艰则吉，咎不长也"语。上千年来，俗世多将《易经》野狐禅，用作测卜运程等等，若从俗，愿意去相信，则亦有一番的"道理"在。

　　其女乔无疆评价："先父一生廉介绝俗，颖悟好学，正义感强烈，好打抱不平，而又有很深厚的修养和礼貌。……"

　　乔大壮得年未满甲子，壮年自沉弃世，令当年的亲朋故旧惊骇、哀恸不已。钱锺书先生多年后还有"尔后音问顿疏。旋复人天永隔，伤逝怀旧，哀思难任"的铭怀。可是，时过境迁，知晓其人者，大

191

多因为《乔大壮印蜕》《乔大壮印集》，其影响，恐怕也只是在篆刻界了。

而实际上，他首先是一位学者，先后任中央大学等大学教授、台湾大学中文系主任；其次，是被誉为"一代词坛飞将"的诗词家，著有《波外乐章》《波外楼诗集》等，其诗词"沉郁缠绵，幽宛谲丽，直追唐宋"；而铁笔之道，引用其女儿的话"先父精于篆刻，但只是业馀爱好"，以遣兴、馀兴之作而名世，也算可以告慰其于九泉了。

乔大壮早年就读于京师译学馆（按：北京大学前身），精通法文并有译作；民国初期任教育部编审，与鲁迅为同事，对桌办公四年。现北京鲁迅故居中，那幅著名的对联"望崦嵫而勿迫，恐鹈鴂之先鸣"，即为乔氏手笔；一九二七年，乔大壮在南昌任周恩来文字秘书，参加了八一南昌起义，失败后，为家累牵绊，又回到北京。此后，未曾参加任何的党派，仅为维持生活所需，在当时的政府任参政、参事等；一九四六年，蒋介石公然撕毁政协协议，单方面召开所谓国民大会，乔大壮愤怒撰联一幅："费国民血汗已几亿，集天下混蛋于一堂。"可见其风骨胆识。

乔氏的特立独行、多有批判言论，为当局所不容；加之好友许寿裳教授被暗杀的刺激、失业，等等，一九四八年七月，自沉于苏州梅村桥下，终年五十六岁。友朋称之：效屈原以警世，"爱国爱民为立身之志，为忧国忧民愤世以终"。

本藏之印为龚燕蟒师承让（如图一），印面为汉篆朱文"不恨我不见古人兮"。

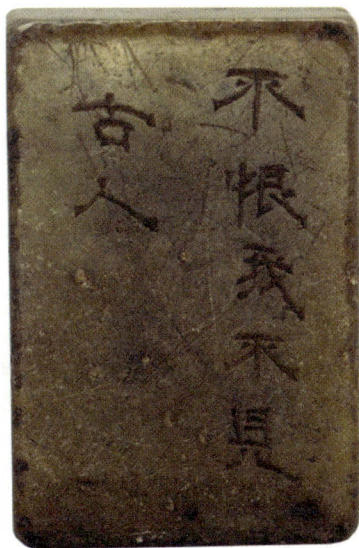

图一

图二

图三

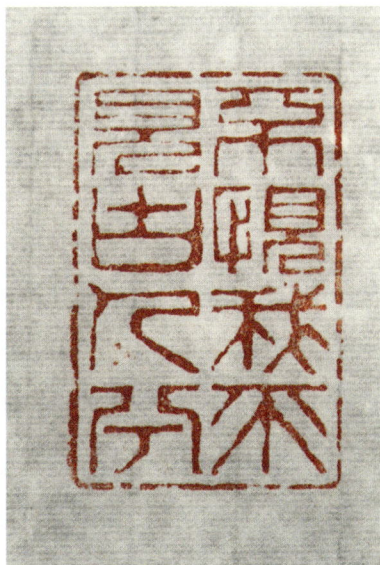

图四

193

印文语出《南史·张融传》："常叹云：'不恨我不见古人，所恨古人又不见我'。"南宋词人辛弃疾《贺新郎》又有："不恨古人吾不见，恨古人、不见吾狂耳。知我者，二三子。"印文即由此化出。印章边款为："鸿伯先生属仿汉，大壮。"鸿伯先生为谁，待考，但可以肯定，应该是位猖狂之士。

该印为半透明寿山冻石，印面硕大。印文意为：我不怨恨、遗憾见不到古时之贤人。这句话的言外之意，才是重中之重：遗憾的，是古人见不到疏狂、豪放之我。

乔氏之印，用蒋频先生的话来评价："在刀石之间却呈现出一股大气，一种真性情。犹如北宋书法家黄庭坚那长枪大戟般的书风，乔大壮刻印也有一股披坚执锐的雄强之气。"（《印人逸事·乔大壮自沉之谜》）

《乔大壮印蜕》一书中，还有一方"行尽江南，不与离人遇"汉白文印，风格与本藏相仿佛。陈茗屋先生称之为"杰构""异常精彩"，并评价："说老实话，在乔先生的作品里，这类风格并不多。他在印坛，以黄牧甫黟山派传人而为人熟知。……我不大喜欢乔先生的师黄之作，总觉得他把黄牧甫漫画化了。但是，这一点也不影响我对乔先生作为一位正直的文人，一位词坛巨擘，一位篆刻前贤的敬仰。"（《苦茗闲话·行尽江南，不与离人遇》）

关于此印作者，还有另一说，系沪上现代花鸟画名家张大壮（1903—1980）所镌。

张大壮，原名心源，字养初，亦作养庐。《掌故》第五集《忆张大壮生平》（樊伯炎遗稿，樊愉整理）称，抗战前夕："有人说，那时'蜀人张大千'颇有画名，他为与张大千颉颃当世，故以'大壮'署于画。此说或有所因，笔者不敢擅加猜度，也没有向他提这个问题，不敢确定。更另有谑者谓：'养初既瘦且弱，何能壮之？'以馀度之，或正因其瘦弱，故为壮其精神，乃以大壮为号，亦勉尔。"

"回顾大壮一生真是在'贫'与'病'中度过的。因此在他的笔墨间也有所反映，他早年作品秀气很浓，中年作品除病弱之态外，有时还带点寒酸味道，晚年则病弱之态更甚，真是'画如其人'。""大壮工画之外，还兼擅刻印。然而他除刻自用的印章外，很少为别人刻印。庞虚斋部分印章是请他刻的。……"

而乔大壮虽非专事篆刻，却在篆刻史上占有一席之地。他是黄牧甫一派（亦称黟山派）的重要传人之一，沙孟海《印学史》称："这一派的作者，要推乔曾劬造诣最卓。"《黄牧甫流派印风》（李刚田著）说到乔氏的篆法师承："此外，他借鉴古玺印以大篆入印的作品，在黄士陵的基础上又有独到之处，他入印的文字摄取广泛，印面构思能于统一之中见奇巧，达到了很高的水平。""对广博取材进行省改变化，以创造既丰富又文雅的印面艺术效果，其中贯穿着的是乔大壮的学识修养，审美品位及文人气质。"

再来审视张大壮为庞氏所刻印章，只能说，较之乔氏，功力有所不逮。翻查相关印谱、画集、图录等资料，仔细分析比对，二人刀法风格、边款等等，虽同名"大壮"，可以得出结论：此大壮非彼大壮也。

所谓"风格即人"。考索、了解乔大壮其人，方知唯此大壮，才能镌得此印。

# 谭印·十章之十：

## 来楚生自谦且自尊

关于来楚生（1903—1975），唐云曾做评论，曰其："书、画、篆刻无不精妙，而于书、篆、隶、正草均熟中求生，刚健婀娜；平正煞辣，气势磅礴，不可名状，允推当代杰手。其于画，从书法得来，清新横逸；刻，则运刀如笔，饶有奇致，皆不涉前规，善开生面者也。"（郑重著《唐云传》）

唐云（1910—1993），为来氏老友，对其艺术底蕴、功力，相知甚深。唐云本人既为著名画家，曾任中国美协理事、上海分会副主席，中国画研究院院务委员，上海画院代院长、名誉院长等职。

同辈篆刻大家钱君匋（1907—1998），则更是不吝称誉："来氏刻印七十岁前后所作突变，朴质老辣，雄劲苍古，得未曾有。虽二吴（吴熙载、吴昌硕）亦当避舍；齐白石自谓变法，然斧凿之痕、造作之态犹难免诮。二十世纪七十年代，能独立称雄于印坛者，唯楚生一人而已。"（转引自《来楚生评传》，李仲芳著）

来楚生，浙江萧山人，生于武昌，原名稷，号然犀，晚年易字初生；书斋名有然犀室、安处楼等。现代著名的篆刻家、书画家。张用博、蔡剑明《来楚生篆刻述真》中称："是继吴昌硕之后，又一位举世公认的大师。楚公可谓是大器晚成，在生命的最后两年，才突飞猛进地达到个人艺术的顶峰。"

对来氏艺术上如此多且高的评价，我好奇，艺术风格如此，生活里的他呢？与楚公为少数一生挚友的唐云，业内、沪上也都知晓：名士风度，酒、画风流，交友广泛。用为其传者郑重先生的话说："是真名士自风流""能使社会普遍敬而爱之者，那就是唐云这样的具备磁性人格的人。"

翻查有关来先生的记载，很遗憾，包括与来氏相熟的郑重先生都说："来楚生和唐云有着完全不同的性格。……性格内向，为人耿直、认真而固执，因之，在生活中也就比较拘谨，像他的艺术一样，表现出内在力量。""是一位执著于艺术的书画家，既不参加社会活动，也不善于交际。他不仅孤僻而且清高，有时甚至根本不愿意和别人交往。他最为相知的就是他的老师潘天寿和特殊朋友唐云。"用来先生身边亲友的话形容，是个"闷葫芦"，寡言少语；笔者查阅印谱，早在一九二五年，来先生就曾镌印"闷葫芦主"一方，用以自况。

描述来氏"文词儿"一些的，是其仰慕者，称"楚丈知我"，却只能是"顿首礼拜的一名私淑弟子"的篆刻家陈茗屋。他的眼中："楚丈是一位忠厚长者，恂恂儒雅，言简而意赅，待人极诚恳。""熟悉相处久了，越发感觉他不但艺术上意境冲夷，直抒襟抱，人品更是高洁，没有一丝一毫的虚假，可说是一代完人。"

"仁丈生前，真的淡于名利，觍颜猎誉者是他最为痛恨的。是一介典型的传统书生。"（陈茗屋《苦茗闲话》）从这些回忆描述中可知，来楚生先生，在当时以至当下，可说是书画界、艺术家行列里面，稀有罕见的"另一个"。

来楚生在艺术上被誉为"书、画、篆刻三绝"，这其中，成就最大者还属篆刻。而这公认的成就，却是年届古稀之后，在生命的最后几年取得的。恕笔者改一个成语，是厚积迸发。

来先生的入室弟子张用博回忆："粗略地计算一下，他公开表示想要刻印的时间是一九七一年二月下旬，到写此信时的'三八'节（按，与张氏信，需要石章料），仅十馀天就刻了二十几方，平均每天刻两方。在这以后的四年中，楚公差不多为我们留下了近千方印章，绝大多数都是高度成熟的艺术性极高的好作品。"

本藏即为楚公这一时间段的作品（如图），亦系上海龚燕蟒师割爱，得之宝藏。其印文为："不登大雅之堂"。

图一

图二

图三

图四

图五

199

图一为印身，印材为寿山大山花坑冻石；印身图二至图四分别为：汉代风格行龙图、边款（一）："安处楼作此印念记，初升（按：张用博作《来楚生年表》载："一九七〇、庚戌……开始用'安处'落款。"一九七一、一九七二年，分别刻"安处楼主""安处楼头人卧病""安处楼"印；楚公惯将"升"字写、刻为"二门"，化出于汉简）。"边款（二）："楚生"。图五为印面"不登大雅之堂"。

查此印文，来先生多种印谱中，至少有三枚，分别为朱文、白文和隶书印，可见楚公钟爱。《来楚生篆刻述真》中，载有一方与本藏相似的白文印，并镌有边款长跋，释云："约作于一九七二年前后。款曰：'未入时流之赏，不登大雅之堂。教化鸡香味美，寒士野人得尝。篆刻自昔目为雕虫小技，壮夫不为，因刻六字志感。吾越教化子尝以简便土法烧鸡，芳香美味，上菜不逮。初升记。'此款是对古时某些官僚文人轻视篆刻表示反感，并将篆刻比作'教化鸡'，只有寒士野人（实指隐居的高士）才能享受到如此美味，教化鸡早已被美食家视为口福。然而篆刻呢？恐怕就不是大款大腕所能享受的艺术美味了。"笔者凝神品味楚公边款的文字，从中可以感受到，先生苦味之幽默，自谦与自尊。

楚先生这类自谦或曰自嘲的闲章，还有不少，如"无用之用""不值一文钱""气毋夺""自爱不自贵""腐骨成尘论自公""敝帚自珍""于无佛处称尊"等等。其性格、印文与大刀阔斧、纵横捭阖，甚至是咄咄逼人的艺术风格，形成极大反差；从中不难窥视，来氏性格内敛却又内心奔突的倔强、坚毅与自尊。

楚公弟子张用博，深情回忆老师作画时的一首"北瓜"（按：

亦称"看瓜")题诗情景:"'徒然颜色猩红好,解渴佐餐两未能。才拙何由邀上赏,秋来依旧卧荒藤。'只见笔落处,满纸飞舞,一气呵成,他看着看着,不禁笑了。这似乎是楚公性格的另一面,但很少见。"是时,在来先生的书斋窗外,"文革",正如火如荼。

流传最广的,也是在"文革"期间来氏的一段故事。陈茗屋先生写道:"画院的造反派要出挂历,着人要先生画一张。造反英雄看了以后不大满意,说这里应该加几笔草,那里应该如何如何,着人送回添笔。来先生摊开看了一回,一言不发,卷起放入抽屉。来人着急,说快快加画几笔要交回去云云。先生淡淡地说:'他画,还是我画?'六字,可谓绝对。"

来楚生生于清末、长在民国,立业于新中国之后。长期受战乱、"运动"、病魔等侵扰,坎坷一生,殁于"文革"动乱结束的前一年。在其去世的前一年(1974年初),全国展开了批判"黑画"展览,先生的一幅《黑鱼图》被骗入选,给他带来致命的打击。他性格执拗、较真儿,虽然牵涉到国内许多的书画名家,不单单是他一位,但仍愤怒不已,痛不欲生;多次兀自愤恨哀吼:"这画是骗我硬要去的,怎么可以呢?……"这一年,适逢复查胃病的日期已到,他却拒绝前往医院,并说:"这年头活着又有什么意思,还不如早点死掉的好!"其弟子张用博(按,亦为医生)、家人天天劝说,一周无果;又请来挚友唐云苦劝其一个星期,"他依然毫不动摇"。拖了几个月,以至癌变……

细细翻览来先生印谱,笔者有一个发现,楚公晚年,镌刻最多的闲章要数"安处""安处楼"和"安处楼主"以及此边款。这其中,应该大有深意。

《来楚生评传》作者李仲芳解为："白居易有'老来尤委命，安处即为乡'，苏轼词《定风波》有'此心安处是吾乡'。这是一个长年居住上海的萧山人的心境。""安处，字面上看有'安然处之'或'安之若素'之意，考虑到来楚生所处的恶劣生活环境，这里的'安处'，恐怕最多的，还是老先生以印当符，对自己如何能够得以安处的哀叹或者希冀。"

张用博则对老师晚年常刻"安处"印文、边款，从另一个角度解读，文末写道："更可见'安处'并非平安之处。这符合'安'是做疑问词用的说法（他本人如此说过），或可理解为'真正的安身之处，只有到桃花源里去找'。"

呜呼！

# 后记

　　此书将要付印，《自序》里面已经坦白："早产"整整一年。中国言实出版社社长王昕朋兄，又嘱再写个跋，这是必需的。所谓的有头有尾。

　　成书之初，昕朋兄曾建议请名家写个序，在下婉谢了。因为，到底自己不属于专业圈中人，不敢也不必劳尊座大驾，自己的"斤两"，自己还是有掂量的。

　　按惯例，写在书末是要感谢、感恩的。例如，这本书的名字：文房撷微，就是拜伊葆力先生所赐；本来，我是想着叫《文房浴心》，几年前，还预先请王敬之先生题了字。师友们颇关切书的名字，觉得拙文考征多于感悟，"浴心"云云，别弄得"洗心革面"似的，想想也罢；甚至下一本书名：文房拾馀，师友们讨论之后，也替我预备了，想想，倍觉温暖。

　　还有坦白：笔者愚钝，至今不谙电脑打字。书中文字，大多纯属"笔耕"，再烦劳妻子曹敏打字、再做改删；书中印章之拓，也系妻子所为，虽距"专业"尚远，也还"眉目清秀"，可识、可辨；也算是意外的收获，毕竟，业之馀，又多了一门手艺。

又有，女儿惜我，"老头儿"笔耕之劳，校、改、增、删之苦，提前奉上新款"i 派"，并附手写笔，作为将满"甲子"之礼物，真若神器助我，效率倍增。"小棉袄"之谓，可见不虚。

书中图片，均为小友赵恒拍摄。年来烦其多次往返折腾，"架棚"、"布光"、后期修图、配图，等等；还有，十馀年来始终信任、支持我的张彦老弟，他整天忙于事业，口上谦说看不懂，却常问询笔耕，一直提供各种的帮助；当然，不会忘了，收藏之途一众师、友，天南海北的古玩店主们，有些，已经成为挚友，因了你们，笔者眼界为之洞开；再有，就是寒舍的万馀卷藏书、古今中外撰者、学者们，是你们，给予笔者默默滋养。

由此，从"小我"方面说，愈加懂敬畏、勤思索，看懂进退、得失乃人生常理；想成为怎样的人，怎样优雅一些老去；从"大家"方面讲，更加珍视自己国家深邃、博大之传统文化，深信：传承她、传播她，不捐细流；真正以史为鉴，找准、找好古今、中外文明的结合点。借用陈寅恪审读冯友兰《中国哲学史》中的话："其真能于思想上自成系统，有所创获者，必须一方面吸收输入外来之学说，一方面不忘本来民族之地位。"窃以为，文化自觉或曰自信，前提、立足点，是要了解祖先留有什么文化遗产，有哪些值得需要我们这些后人引以为傲，去传承，去弘扬，坚定、坚守，如此，民族之定力、凝聚力才会更强。不要偏颇，不能懈怠，大家伙儿一起努力，我古老民族之焕发、复兴，开放且又自信，一定的，妥妥的。

至于本书所关注者，确属小众。但古时文人，却颇看重书斋（房），不论大小；凡书斋之用、书案之器，均堪称清雅；许多器用，甚至手可盈握，以供摩挲把玩，故旧称"文玩"，今曰"文房""清供"。其材质繁多，工艺考究、精致，多寓逸情雅意，或励志"载道"。器虽小，蕴其大哉。惜坊间收藏多崇尚"高大上"，或跟风欧美。

殊不知，欧人古时简陋，以"鹅毛"羽管蘸墨书写，根本不识东方之神乎毛笔、墨锭清香，以及一众配套之雅物。正因此，所幸，掠之去国极少（日本除外），我邦还有不少的遗存，至今散落民间；国家官方博物馆、院，文房之属，亦有不少的收藏展示，但较之"重器"、官窑瓷器，等等，其物轻、体微，偏居一隅，注释也多粗疏简略；学者之关注、研究也显得冷清。

可是，我邦绵延几千年的泱泱之文化，就是从这些个大大小小的书斋里，文房之中、之下播散开来的。

庚子年暑月，笔者记于北京。

205